Herbert Schurig

Schulmisere

Bibliografische Information der Deutschen Bibliothek:
Die Deutsche Bibliothek verzeichnet diese Publikation in
der Deutschen Nationalbibliographie; detaillierte
bibliografische Daten sind im Internet über
http://dnb.ddb.de abrufbar.

Herstellung und Verlag:
Books on Demand GmbH, Norderstedt

ISBN: 9783837064858

Zum Geleit

Es handelt sich im folgenden nicht um eine wissenschaftliche Abhandlung auf Grundlage irgendwelcher Studien. Auch nicht um einen Essay oder Aufsatz. Hier liegen lediglich Briefe vor – private Äußerungen in privater Sphäre – für Behörden wie Institutionen also ohne Relevanz. Man kann getrost abwinken und ignorieren, und ich muss nicht verteidigen.

Wieso also die Veröffentlichung?

Nun, in diesen Briefen manifestiert sich ein ganzes Berufsleben als Lehrer, und ich bin überzeugt, dass auch bei Zurückweisung des Ganzen im Einzelnen vieles „hängenbleiben" wird und Wirkung tun kann.

Ei ja, die Pisa-Studie! Die erschütternde! Die erschreckende! Die blamable! Ei ja doch: Deutschland, das Land der Dichter und Denker! Die Nazis meinten gar, das an seinem Wesen die ganze Welt genesen müsse! Und nun das: Kaum Mittelmaß unter den Nationen dieser Erde, wenn es um die Bildung der Jugend geht! Nicht einmal richtig lesen können sie, die Jugendlichen dieser gepriesenen Nation!

Und du gehörst offensichtlich auch zu jenen, die sich darüber wundern, die das überrascht, die es nicht wahrhaben können, die also nicht wissen, wie es dazu kommen konnte!

Aber dir sei verziehen. Du hattest seit eh wenig oder nichts mit der Schule zu tun. Dich kann der Vorwurf nicht treffen, der Vorwurf, das Kind am Brunnenrand gesehen zu haben, wie es da spielte und sich erging, und es nicht ermahnt oder gar zurückgeholt zu haben, nichts unternommen zu haben, das Unglück zu verhindern.

Nun liegt das Kind also im Brunnen. Alles schreit und zetert, und am lautesten die, die es hätten verhindern können und müssen.

Du möchtest, dass ich dir da einiges erkläre, und du fragst mich, weil du annimmst, dass auch ich nicht unschuldig sein kann, da ich ja schließlich ein ganzes Berufsleben in der Schule verbracht habe. Und im einen hast du durchaus recht, im anderen allerdings nicht. Schuldig muss *ich* mich am allerwenigsten fühlen. Ja, ich habe Jahrzehnte an dieser Front gestanden, aber ich habe den Kopf nicht in den Sand gesteckt. Ich habe, so lange ich zurückdenken kann, angekämpft gegen jegliche Misere in diesem Metier, und deren gab es genug seit eh und je. Ich habe mich nicht einmal gescheut, mich als Don Quichote lächerlich zu machen, wenn ich auf meinem hohen Rosse eines besonderen Berufsethos' daherkam und die Lanze gegen die Lauen, die Gleichgültigen, die Hirnlosen, die Unverantwortlichen, die Egoisten und, und führte. Es hat freilich alles nichts genützt. Ein Don Quichotte kann die Wahrheit in ganzen Kübeln ausschütten, man wird ihn belächeln und allenfalls dulden, weil er ja doch nicht ernst zu nehmen ist, und man wird ansonsten seiner Wege weitergehen und sich um ihn und um das , was er verkündet, nicht scheren,

Freilich aber, wenn da so eine wissenschaftliche Studie gemacht wird, auch noch auf internationaler Ebene, von Doktoren und Professoren und Magistern und anderen - oren und - istern ausdrücklich gezeichnet, ja dann...

Worin ich das Grundübel sehe?

Mein Lieber! Wo finde ich dich ? Doch nicht etwa in den Reihen jener notorischen Vereinfacher, die sich heutzutage in der Politik breit und fett machen?! Die etwa glauben, mit einem anderen Kanzler an der Spitze dieses Landes gebe es übermorgen keine Arbeitslosen mehr. Und die sich nicht entblöden, so etwas auch noch zu propagieren!

So einfach, dass man schlicht von einem Übel reden könnte, das man nur abzustellen brauchte, und die Sache ginge wieder ihren rechten Gang, so einfach ist das hier beileibe nicht. Aber wenn du Geneigtheit und Muse genug aufbringen solltest zu lesen oder zu hören, was ich in diesen Dingen zu sagen habe, so will ich dir gern einiges dazu offerieren.

Wo allerdings anfangen? das ist hier die Frage. Ist es doch mit dem Ergebnis dieser vermaledeiten Pisastudie wie mit einem Vulkanausbruch. Der hat auch keine einzige, eindeutige Ursache. Tausende und Abertausende winziger Gasbläschen sind es, die zuerst aufsteigen und in Bewegung bleiben und innerhalb und infolge solcher Bewegung sich zu größeren Bläschen und Blasen mischen, bis sich alles in einer einzigen großen vereint, die endlich die feste Kruste über sich sprengt und die Lava gen Himmel schleudert. Dann erst werden wir der zerstörenden Gewalt gewahr. Aber wie vieles ist eben vorausgegangen!

Dennoch ließe sich wohl in Sachen Bildungsmisere zwischen bedeutenden und weniger bedeutenden Ursachen oder Übeln unterscheiden .

Wenn man von Grundübeln reden wollte, dann müsste man den Zentralismus als ein solches bezeichnen und nennen. Weiß Gott! Ich habe nie begreifen können, wie man damals nach der Wende, die fatalen Folgen einer zentralistischen Führung unmittelbar und peinlichst vor Augen, wieder und weiter auf staatlichen Zentralismus in der Bildungspolitik setzte.

Grundsätzlich gilt: Was für die Wirtschaft förderlich ist, gilt nicht weniger für die Bildung. Ob zentralistische Wirtschaft oder Bildung – die Gefahr der Verkalkung der Strukturen bis letztlich zum völligen Stillstand, bis quasi zum exitus des gesamten Organismus ist der Sache immanent! Ein zentralistisches Gefüge wird grundsätzlich starr. Es kann einfach nicht reagieren – allenfalls kann es agieren, und früher mochte das angehen, aber heutzutage, wo sich Verhältnisse innerhalb der Gesellschaft von heut auf morgen ändern, genügt so etwas nicht. Unser gegenwärtiges Bildungssystem hinkt der Wirklichkeit mit ihren Erfordernissen äonenweit hinterher. Und das ist in erster Linie Folge der nicht vorhandenen und doch so prinzipiell nötigen Flexibilität gerade in diesem Bereich, der mit der gesellschaftlichen Entwicklung nicht nur konform gehen sollte, sondern der ihr sogar vorauseilen müsste.

Du kannst nicht „nachvollziehen" (ich muss das einfach in Anführungsstriche setzen, weil ich das Wort selbst nie verwende. Ich habe eine Aversion dagegen, die ich mir nicht die Mühe mache zu begründen; vielleicht wird es mir nur zu häufig und zu undifferenziert gebraucht), du kannst also nicht „nachvollziehen", wie Zentralismus zu Erstarrung führt.

Da bin ich schon erst mal erleichtert, dass du nicht so naiv bist, prinzipiell zu leugnen, *dass* ...Viele sind es ja, allein , indem sie weiterhin Zentralismus praktizieren. Weiterhin sage ich, weil es ja mit der sozialistischen Praxis und deren Scheitern Beispiel genug gibt, das deutlich vor Augen führt und abschrecken müsste.

Also wie? Oder inwiefern?

Nun, die Sache ist gar nicht so kompliziert. In einem zentral verwalteten oder bestimmten System wirken die Anregungen stets in einunddieselbe Richtung – meist von oben nach unten in Form von Befehlen oder Anweisungen. Dass es in diesen Dingen kein Dagegen gibt, kennst du sicher aus eigener Erfahrung zur Genüge.

In sogenannten linearen Systemen funktioniert das auch, das heißt dort, wo eine Ursache nur eine Folge hat ohne Rückwirkung auf die Ursache selbst. Derartige Bedingungen kommen jedoch in der Natur wie in der Gesellschaft nur ausnahmsweise oder überhaupt nicht vor. Eigentlich gibt es sie nur in der Welt der wissenschaftlichen Versuche und deren Anordnungen.

Unter natürlichen Bedingungen, also solchen, die der Mensch nicht künstlich auf einen Versuch hin zurechtgestutzt hat, findet man meist ganze Bedingungsgefüge. Die einzelnen Komponenten sind so eng miteinander verbunden, stehen in derart prinzipiellem Abhängigkeitsverhältnis zueinander, dass Rückwirkungen nicht nur nicht auszuschließen sind, sondern dass solche die Natur der Sache selbst bilden: Wetter, Erde, Leben, die Gesamtwirtschaft eines Landes oder gar die globale, Tierpopulationen, ja, eine Kerzenflamme , ein lebendiger Organismus, ob Pflanze, Tier oder Mensch, und, und...

In der Wirtschaft eines Landes diese Grundbedingtheit der gegenseitigen Abhängigkeit der einzelnen Komponenten Produktion und Markt erkannt und akzeptiert zu haben, ist eben die bedeutende Leistung der „Erfinder" der Marktwirtschaft. Die Einsicht darein, dass dieses komplizierte Gefüge der gegenseitigen Abhängigkeit seine Eigengesetzlichkeit entwickelt, also autonom funktioniert und dass man es eben nicht bestimmen kann, ist eine der wesentlichsten Errungenschaften der Neuzeit. Was natürlich nicht heißen soll, dass man nicht in gewissem Maße steuernd Einfluss nehmen könnte. Aber daher zu kommen und zu sagen: Ich lasse meine Regierung daran messen, inwieweit sie die Arbeitslosigkeit beseitigt, ist eben Ausdruck einer Ignoranz und Überheblichkeit und vor allem Dummheit ohnegleichen. Und bei allen noch so vorsichtigen Steuerungsversuchen weiß man trotzdem nicht, wie sie sich schließlich auswirken und ob sie nicht gar „nach hinten losgehen" und man das Gegenteil von dem zeitigt, was man eigentlich angestrebt hatte. Ausgeschlossen ist so etwas eben grundsätzlich nie.

Die Autonomie eines markwirtschaftlichen Systems zu akzeptieren und nicht nur das, sondern sie auch zu garantieren, ist inzwischen eines der obersten Gebote der EU. Brüssel wacht mit Argusaugen darüber, dass nicht etwa in einem der EU-Länder seitens des Staates größere Subventionen in die Wirtschaft fließen und auf diese Weise Einfluss genommen wird, der die Eigendynamik des Systems verzerren und das Gefüge aus dem Gleichgewicht bringen muss.

Wieso ich von Wirtschaft rede, wenn es um Bildung geht?

Weil ich dir klarmachen will, mit welcher Konsequenz man einerseits bemüht ist, die Eigengesetzlichkeit eines autonomen Systems zu wahren, wo man sie andererseits bei durchaus vergleichbaren Voraussetzungen nicht einmal erkennen geschweige anerkennen und wahren will. Dumm und gescheit zugleich – man denkt, dass so etwas nicht möglich sei, aber wir Menschen bringen auch das fertig.

Auch bei der Bildung eines ganzen Volkes handelt es sich letztlich um eine Sache, die nicht nur in sich ungezählte einander beeinflussende Bedingtheiten hat, sondern die zudem mit allen möglichen anderen Phänomenen der Gesellschaft in wechselwirkendem Verhältnis steht. Wer das leugnete, ist ein Banause, ein arroganter Dummkopf . Und wer sich aber einbildet, gescheit genug zu sein, diese Wechselwirkungen zu beherrschen, der ist so einer erst recht.

Wer in autonome Systeme willkürlich eingreift, muss gewärtig sein, dass das Ganze seine Stabilität, sein Gleichgewicht , seine innere Dynamik verliert und damit sein Eigentliches, wenn es nicht gar völlig in Chaos umschlägt.

Und die Sache ist vor allem nicht damit getan, das

man schlicht leugnet, ein autonomes System vor sich zu haben, da man es ja selbst nach allen Regeln des menschlichen Verstandes entworfen und installiert habe. Der Mensch kann entwerfen und installieren wie er will und kann, sowie die Sache in Wechselwirkung mit anderen Phänomenen tritt, gibt es keine Gleichung, nach der er rechnen und bestimmen kann.

Wieso Zentralismus zu Erstarrung führt?
Die Sache ist einfach und kompliziert zugleich. Du wirst dir jedenfalls einige Umschweife gefallen lassen müssen. Also packen wir's an! Werden wir erst mal allgemein:
Alle Erscheinungen, die aus einem Bedingungsgefüge einander gegenseitig beeinflussender Komponenten heraus entstehen, bilden , indem sie sich etablieren und Bestand suchen, ein System der Selbstregulierung. Die gegenseitige Hin - und Widerbeeinflussung der Komponenten schaukelt eine Art Gleichgewichtszustand ein, der der Erscheinung, dem Phänomen eine gewisse Stabilität und Dauer verleiht. Natürlich nur, solange die Bedingungen des Systems nicht von außen gestört werden, denn dann kann es leicht passieren, dass das Ganze im physikalischen Sinne chaotisch reagiert, aus dem Gleichgewicht gerät, instabil wird, ausufert, sein Eigentliches verliert und am Ende gar seinem Wesen nach etwas ganz anderes, ja Gegenteiliges zeitigt.
Alles Natürliche ist auf solche Art der Gleichgewichtsbildung und – wahrung entstanden und existiert so. Nichts also für sich allein, alles in Rückkopplung mit allem. Die Indianer wussten darum, wir müssen es mühsam erst wieder lernen. Die Menschen gingen lange von der Annahme aus, alles existiere lediglich als Folge aus Ursache und Wirkung. Mit anderen Worten: Alles entwickle sich linear, in Kette von einfacher Kausalität. Daher die Überzeugung, man könne eine solche Kausalität in ihrem Ablauf selbstverständlich bestimmen und lenken, man könne sie regieren, und am ehesten natürlich solche, die man selbst nach allen Regeln des Verstandes und der Logik konzi-

15

piert und in die Welt gesetzt hat.

Die Kommunisten - oder sagen wir besser Sozialisten, denn bis zu Kommunistischem ist ja der Sozialismus nie gediehen – die Sozialisten also waren die absoluten Meister der Ignoranz und Überheblichkeit hierin. Nach dem Prinzip einfacher Kausalität glaubten sie, ein ganzes Staats- und Wirtschaftsgefüge etablieren und führen zu können. Aber so ein riesiges Gefüge, ist es erst mal „angesetzt", entwickelt unweigerlich natürliche Eigengesetzlichkeit. Es zeigt Tendenzen der Selbstregulierung, um sich ins Gleichgewicht zu bringen. Was machten aber jene Sozialisten? Sie erstickten derartige Tendenzen, wo sie sich zeigten, möglichst im Keim schon. Sie propagierten sie als der sozialistischen Grundidee wesensfremd, als untypisch, als feindlich gar, und so produzierten sie also Ungleichgewicht, indem sie Gleichgewicht verhinderten, und das so lange und in allen möglichen Bereichen, bis das Ganze an innerer Ungewichtigkeit auseinander brach.

Die Einsicht, dass man das Wirtschaftssystem eines ganzen Landes nicht führen kann, sondern dass man es sich ins Gleichgewicht regulieren lassen und nur darauf achten muss, dass man nicht durch zu viel Reglement von außen den Prozess stört oder gar zerstört, diese Einsicht machte die Marktwirtschaft der sozialistischen Planwirtschaft so prinzipiell und so offensichtlich überlegen. Man hatte die einander regulierenden Hauptkomponenten Produktion, Markt und Preis als solche erkannt und sie sich im Miteinander einpegeln und entwickeln lassen.

Ich will dir hier nur das Prinzip vor Augen führen. Daher habe ich freilich vereinfacht und rede nur von Marktwirtschaft und nicht von sozial. Der Faktor des Sozialen in diesem Gefüge kompliziert die Sache freilich in hohem Maße, denn er ist dem ursprünglichen System nicht natürlich, nicht immanent. Das System ist nur natürlich, nicht menschlich. Die Komponente des Sozialen bedeutet eine dauernde Beeinflussung von außen ...

Aber davon hier nicht mehr, es führt im Moment zu weit von unserem eigentlichen Thema weg. Falls es dich interessiert, können wir es ja gesondert angehen.

Wozu überhaupt dieser ganze Ausflug?

Nun, die Bildung eines ganzen Landes ist nach allem Gesagten natürlich nicht weniger ein System mit Eigengesetzlichkeit und Selbstregulierung als die Wirtschaft. Auch das funktioniert am besten, am natürlichsten, wenn man es weitgehend sein Eigenleben führen lässt.

Was tut man aber? Man führt es absolut zentralistisch – ein Stück Sozialismus inmitten der Marktwirtschaft!

Deshalb meinte ich: Ich habe nie begreifen können, wie man damals nach der Wende, die fatalen Folgen einer zentralistischen Führung unmittelbar und peinlichst vor Augen, wieder und weiter auf staatlichen Zentralismus in der Bildungspolitik setzte.

Du hast Recht: Die eigentliche Frage, *wie* Zentralismus zu Erstarrung führt, ist bisher nicht beantwortet. Bisher habe ich nur davon gesprochen, *dass* es geschieht. Also zurück zu den selbstregulierenden Systemen!

Sie bestehen aus unzähligen Elementen. Aber die bilden das Ganze nicht lediglich als Summe ihrer einzelnen spezifischen Eigenschaften und Potenzen, sondern sie sind im Zusammenklang aller mit allen derart voneinander abhängig, dass die Änderung eines Elements notwendig auf alle anderen wirkt und somit auf das Ganze und aber auch auf das Ausgangselement wieder zurück. Das Ganze ist also ein kompliziertes Geflecht von Wirkung und Gegenwirkung aufeinander, wozu der Mensch wohl nie eine Gleichung zu finden in der Lage sein wird. Er kann es nicht berechnen und also vorausbestimmen. Es hat seine eigene Dynamik, und die beruht vor allem auf der Beweglichkeit , der Flexibilität der Elemente. Sie müssen sein, wozu sie veranlagt sind, aber in welchem Maße sie das sind, darin müssen sie deutlich Spielraum haben, sich dauernd darin anpassen zu können. So strebt sich von selbst immer neu ein Gleichgewichtszustand an, und der bedeutet gewisse Stabilität und auch Dauer des Ganzen.

Es klingt absurd: die Beweglichkeit, Flexibilität der Teile erst garantiert den Bestand, die Stabilität des Ganzen, aber genau so ist es in der Natur.

Wenn nun von außen diese notwendige Flexibilität verhindert wird indem man z.B. Maß und Potenz der Elemente vorausbestimmt , festsetzt, plant oder wie auch immer, sie jedenfalls unveränderlich hält, dann verlieren die Teile ihren Bezug zueinander , sie verlieren sich voneinander, das

Ganze wird aus einem dynamischen, lebendigen Organismus zu einer bloßen Summe konstanter Größen, es wird starr, tot.

Die sozialistische Planwirtschaft ist ein Paradebeispiel dafür:

Nichts durfte sich von selbst regeln, alles hatte nach zentral vorgegebenen Maßzahlen und Vorgaben zu funktionieren. Jede Produktionsgröße musste „von oben" bestätigt sein.

Ein Betrieb durfte nicht, wie er konnte und wollte, sondern allein wie er sollte. Dieses Soll hatte jedoch noch relativ kurzer Zeit schon kaum noch etwas mit den tatsächlich notwendigen Bindungen und Anforderungen gemein, die z. B. allein durch die gegenseitige Abhängigkeit der Betriebe innerhalb der Zulieferung zur Produktion gegeben waren.. Es dauerte denn auch nicht lange, und es gab kaum Ersatzteile – die bildeten eben keinen Bestandteil der Planung. Punkt.

Auch in den tatsächlichen Bedürfnissen der Bevölkerung hatte diese Planung keine Bezugsgröße. Das Volk hatte zu bedürfen, was die Planer des Sozialismus für angemessen und richtig hielten. So kam es, dass man zuletzt hätte vierzehn Jahre auf einen bestellten Trabanten warten müssen. Noch einmal: Die einzelnen Betriebe und Kombinate durften nicht spontan und flexibel reagieren, und so produzierten sie zuletzt wie starre Säulen nebeneinander nach oben in den Spleen einer sogenannten zentralen Plankommission. Am Ende funktionierte überhaupt nichts mehr. Das System brach zusammen. Und das passierte und passiert so oder so ähnlich überall, wo sich der Mensch anmaßt, herrschen,bestimmen, diktieren zu können. Die Kommunisten oder Sozialisten verfolgten wohl ursprünglich ein menschliches Ziel: Anders sein, anders produzieren und wirtschaften als der unmenschliche Kapitalismus, aber sie waren darin zu dumm und zu überheblich, dass sie annahmen, es ginge auch gegen die Natur, und Selbstregulation ist das Wesen alles Natürlichen und des Menschlichen, denn der Mensch ist zuerst auch Natur und erst in zweiter Linie darf er menschliche Aspekte ins Spiel bringen.

Ich teile deine Befürchtungen durchaus!

Natürlich kann der Mensch so ein System - vor allem, wenn es ihn selbst angeht (und welches tut das heutzutage denn nicht?) nicht einfach sich selbst überlassen. Und du triffst den Nagel auf den Kopf, wenn du meinst, es entstehe ja der unmenschlichste Kapitalismus, wenn man die Wirtschaft eines Landes, nach den Gesetzen des Marktes so ohne weiteres sich selbst regulieren ließe. Der Mensch muss hier eingreifen. Aber wo? Und wie? Und inwieweit? – das ist hier die Frage. Und die jeweils zu beantworten, dürfte nach allem bisher Gesagten verteufelt schwer sein. Jede Firmenleitung, jedes Ministerium, jede Regierung gar besteht oder scheitert hierbei – je nach dem, mit welcher Einsicht in dieses Phänomen der Selbstregulierung oder auch nur mit welchem Gespür man dabei herangeht. Ob man die das System tatsächlich bestimmenden Faktoren überhaupt erkennt, und wenn, welche davon man schließlich inwieweit verändern muss, um das System als Ganzes mit dem gewünschten Effekt zu beeinflussen ...

Aber selbst bei tiefster Einsicht und bei Zuhilfenahme leistungsstärkster Computer, die die Reaktion des Systems für den gesetzten Fall durchrechnen, wie man das heute beim Wetter macht, es kann trotzdem passieren, dass am Ende etwas ganz Unerwartetes herauskommt und ein „Lothar" vernichtend dreinfährt, wo man nicht mehr als einen kleinen Sturm berechnet hatte.

Du siehst: Ein Herrschen und gar Beherrschen ist in diesem Sinne sehr schwierig, wenn nicht gar unmöglich.

Aber freilich tut man es dennoch dauernd und tat

es schon und erst recht zu Zeiten unserer Altvorderen, bloß eben auch mit den entsprechend katastrophalen Auswirkungen. Immer erwog man allenfalls die nächsten kausalen Folgen, aber nicht die Reaktion des Ganzen. Und so zeitigten die großen Idealisten der Aufklärung vor 1789 das widerlichste Schlachten der ganzen Epoche, und die Revolution selbst zeitigte völlig überraschend den Aufstieg eines kleinen korsischen Leutnants zum Kaiser aller Franzosen und zum Eroberer Europas. Eigendynamik! Glaub mir! Von niemandem berechenbar! Eigendynamik eines Gesamtsystems hier wie in Abertausenden anderer Fälle. Eigentlich ist die gesamte Menschheitsgeschichte Exembel für die Unvorhersehbarkeit der Reaktionen des Systems auf willkürliche oder gar weise erwogene Entscheidungen und Eingriffe sogenannter Regierender.

Und andererseits: Welche Weisheit Saint-Exuperys in seinem „Kleinen Prinzen": Der König dort befiehlt gar der Sonne aufzugehen, aber er tut es in jenem Moment, wo sie es ohnehin von selbst tut. Mehr können wir Menschen nämlich eigentlich gar nicht.

Ja, wenn dich diese Dinge derart interessieren, dass du gerne mehr dazu hören würdest, dann bleiben wir doch einfach noch eine Weile bei dieser Thematik. Mir soll es recht sein.

Du fragst speziell nach dem Problem der Arbeitslosigkeit in dieser Welt der Eigendynamik, und – verdammt noch mal! – da hast du gleich nach einem der größten und am wenigsten verdaulichen Bissen gegriffen. Aber gehen wir eben auch das nach unserem Vermögen an – wenigstens in der Erklärung!

Vor allem dies: Der Mensch muss begreifen lernen, dass er selbst innerhalb eines solchen Wirtschaftssystems eine zwiefache Rolle spielt: Einerseits ist er natürlich Initiatior, Auslöser, Eingreifer, also aktiver Faktor. Andererseits ist er als Teil des Systems dessen Eigendynamik unterworfen. Und dies „unterworfen" darfst du ganz im ursprünglichen Sinne des Wortes nehmen. Er wird geworfen und gebeutelt wie ein beliebiger Gegenstand. Er ist den Rückkopplungen innerhalb des Systems, das er selbst anschiebt und unterhält, ausgeliefert wie einer, der sich auf hohe See hinauswagt. Das Element geht mit ihm um.

Mit der Mechanisierung der Produktion hat der Mensch einen Prozess in Gang gebracht, den er nun nur noch schwer lenken und gleich gar nicht aufhalten kann. Mechanisierung – im Anfang als Erleichterung der physischen Anstrengungen gedacht – ersetzt sie inzwischen zum größten Teil und ist somit zum prinzipiellen Killer von Arbeitsplätzen geworden.

Wie viele Menschen waren früher auf dem Lande beschäftigt! Hatten Arbeit und waren so sozial eingebettet und aufgehoben, hatten ihre Rolle, ihren Wert zumindest unter ihresgleichen, hatten Lohn und Brot für sich und die Familie. Es ist staunenswert und beängstigend zugleich, wie heute ein einzelner auf einer Kombine an einem Vormittag ein ganzes hektargroßes Feld aberntet. Kinder auf dem Weg zur Schule (wenn sie denn überhaupt noch gehen) laufen früh an wogendem Korn vorüber, und mittags, wenn sie heimgehen, finden sie nur noch kurze Stoppeln. Anderntags schon sind auch die weg; das Feld ist gepflügt, geeggt , und die neue Saat liegt auch schon im Boden.

Unlängst wurden uns Ziegel für 340 m² Dachfläche angeliefert. Ein riesig langes Kranfahrzeug mit einem riesenlangen Hänger. Es fuhr vor, als es schon dunkelte und wir befürchten mussten, bis in die Nacht mit dem Abladen beschäftigt zu sein.

Nichts dergleichen! Der Fahrer kroch hinter seinem Lenkrad hervor, zwängte sich hinter den Kran und binnen eineinhalb Stunden standen alle Ziegel palettengestapelt auf dem Hof. Die Sache war erledigt.

Wie gesagt: Staunenswert und beängstigend zugleich, denn wo sind jene, die noch vor kurzem bei derartigen Arbeiten beschäftigt waren? Sie drängen sich in den Gängen der Arbeitsämter.

In der Textilindustrie werden ganze Werkhallen voller mechanischer und computergesteuerter Webstühle von zwei, drei Leuten überwacht. Sogenannte Taktstraßen produzieren wie von Geisterhand völlig selbständig. Nur hie und da mal ein Mensch, der kontrolliert.

Der Trend ist unumkehrbar und unaufhaltsam, denn er gehört bestimmend zum Gesamtsystem aus Markt und Preis. Er ist Teil eines Konkurrenzgefüges, dass nichts anderes zulässt und das inzwischen längst über die Ländergrenzen hinweg besteht und funktioniert, ja eigentlich schon global! Die Art und Weise des modernen Produzierens, die wir Menschen uns gegenseitig im Konkurrenzkampf um Markt aufzwingen, produziert Arbeitslose in demselben Maße, wie sie fortschrittlich, rentabel, preisgünstig, marktgerecht ist.

Und kein noch so vielversprechend daherkommender Kanzler oder auch nur K-Kandidat kann daran prinzipiell etwas ändern. Wenn er das verspricht, ist er dumm und überheblich, oder er lügt bewusst!

Man kann ein wenig mit Steuern steuern. Man kann sich um die Vergrößerung des Marktes bemühen und sich um Auslandsaufträge kümmern. Man kann hie und da mit den Leitzinsen manipulieren. Das sind aber alles nur Pflaster auf die Wunde; der Krebs darunter wuchert weiter.

Und am wenigsten scheinen sich die Gewerkschaften über ihre Rolle in diesem Spiel im klaren zu sein. Jede ihrer Lohnerhöhungsforderungen veranlasst die Herren der Konzerne, die dadurch entstehenden finanziellen Einbußen durch weitere Mechanisierung und Automatisierung wieder auszugleichen. Das aber führt im nächsten Schritt (aber für die Gewerkschaften eben erst im nächsten!) zu neuen Entlassungen. So produzieren am Ende selbst die Gewerkschaften als Vertreter der Arbeiter Arbeitslose.

Schließlich produzieren die Arbeitslosen selbst auch noch weitere Arbeitslose – je mehr, desto mehr – denn Arbeitslose kosten den Staat viel Geld, das er sich letztlich irgendwie aus dem produzierenden Gewerbe abschöpfen muss. Das führt dann zur Erhöhung der sogenannten Lohnnebenkosten – ein Reizwort für jeden Unternehmer. Der sieht sich schließlich herausgefordert, sich die Arbeitskraft Mensch so weit wie möglich vom Halse zu schaffen, also zu entlassen und sein Geld in die Automatisierung zu investieren. Wahrlich: ein Teufelskreis! Und kein Entkommen.

Ja, ja, die menschlichen Bedürfnisse! Du vermutest recht: sie waren seit eh der eigentliche Motor in der Entwicklung der Menschheit. Die Bedürfnisse und das Streben danach, sie durch möglichst geringe Anstrengung zu befriedigen – das ist der Urantrieb

Schon Diogenens vor über Zweitausend Jahren wusste darum. Aber er wusste offenbar auch um die Problematik einer Entwicklung auf solcher Grundlage. Es ist damit wie mit der Hydra der griechischen Sagenwelt: Anstelle jedes abgeschlagenen Hauptes erstehen augenblicks zwei neue...

Jedes erfüllte Bedürfnis erhöht gewissermaßen die Ausgangsbasis, und wo vorher zwei Ansprüche waren, sind es danach mindestens doppelt so viele. Befriedigtes Bedürfnis führt also nicht etwa zu Befriedung , zu Beruhigung, sondern zu Unruhe und neuen, erhöhten Ansprüchen. Du kannst es überall um dich herum beobachten. Im Zusammenhang mit dem finanziellen Einkommen mancher Leute – seien es nun Manager eines Konzerns oder auch nur „Schumachers" oder Fußballstars – begegnete mir immer wieder die Frage: Was machen die bloß damit? Wie kann man so viel Geld überhaupt ausgeben? Und wofür?

Aber keine Angst! Die Ansprüche dieser Leute wachsen auf jeden Fall noch schneller als ihr Konto! Sie werden nie genug haben. Wenn wir nach einem Faltboot streben, dann sie nach einer Jacht. Und auf jeden Fall sind sie dabei nicht glücklicher als wir.

Diogenes sah damals die einzige Möglichkeit, diesen heillosen Prozess zu stoppen, darin, keine Bedürfnisse über das Nötigste hinaus zu haben. Um selbst das Exempel zu geben, lebte er fortan in einer Tonne und bat den König, als dieser ihn bewundernd besuchte, und ihm jeden irdischen Wunsch erfüllen wollte, lediglich darum, ein wenig aus der Sonne zu treten.

Auch am hellen Tag ging er mit einer Laterne. Er suchte wahre Menschen – offenbar solche, die sich nicht jenem heillosen Zwang der Bedürfnisse und immer erhöhter Ansprüche unterwerfen. Er fand freilich niemanden dergleichen.

Auch heute bedeuten die Bedürfnisse und Ansprüche der Menschen die Kurbel, die den Markt dreht und in Bewegung hält. Denn wo Markt ist, da ist Produktion, da läuft das Getriebe.

Und die Werbung – ob im Fernsehen oder auf Messen und Ausstellungen – ist dazu da, immer neue Bedürfnisse und Ansprüchen zu wecken. Man verspricht Wunscherfüllung und Glücklichsein darin und setzt doch im selben Moment schon die nächsten Pfeiler des Erstrebenswerten. Und in den meisten Fällen liegen die erst mal jenseits unserer Möglichkeiten und schüren so neue Unzufriedenheit und verleiten zu finanziellem Risiko, gar zu Schulden und, und...

Wahrhaftig: Würde man die Bedürfnisse dieser gegenwärtigen Gesellschaft allgemein einschränken, geriete unser ganzes Wirtschaftssystem sehr schnell ins Wanken. Die politisch Verantwortlichen gebrauchen hierzu natürlich anderes Vokabular, sie reden von Kaufkraft und Kaufverhalten u.ä., aber dadurch wird freilich prinzipiell nichts anders.

Du vergleichst Diogenes den Fundamentalisten des Islam von heute. Er sei gewissermaßen der erste Fundamentalist der Geschichte.

Interessant. Allerdings nicht ganz zutreffend. Die Fundamentalisten des Islam fordern die wörtliche Einhaltung des Korans. Sie berufen sich also auf ein religiöses Fundament , und erst insofern fordern sie die Einschränkung gewisser Bedürfnisse, die in der westlichen Welt zum eigentlichen Kulturgut gehören.

Diogenes ist da allgemeiner. Er beruft sich auf kein bestimmtes Dokument. Es ist seine eigene Sicht auf die Menschen und ihre Welt, wenn er Bedürfnislosigkeit lehrt und vorlebt. Bei ihm geht es um prinzipiell Menschliches, bei den Fundamentalisten um grundsätzlich Religiöses.

Darüber hinaus lässt sich wahrscheinlich nicht mit Bestimmtheit sagen, dass er der erste gewesen, der auf solche Problematik aufmerksam machte. Tendenzen der Ausuferung ins moralisch Problematische eben auf der Basis gefährlicher, krebsartiger Wucherung von Bedürfnissen und Ansprüchen gibt es und gab es in allen sogenannten Hochkulturen. Und es mag also auch im alten Ägypten oder in Mesopotamien von einst Rufer und Warner gegeben haben, die auf die Reinheit des Ursprungs verwiesen. Manche der Propheten des Alten Testaments könnte man in diesem Sinne gewiss auch als Fundamentalisten bezeichnen.

Wie auch immer, es ging und geht um die Triebkraft der Bedürfnisse und Ansprüche in der menschlichen Entwicklung. Man kann sie durchaus der Hefe im Teig vergleichen. Sie gärt ihn auf, und wird das rechte Maß dabei überschritten, zerfällt der ganze Ansatz wieder. Allerdings auch, wenn die Kraft der Hefe nicht ausreicht.

Wohin die absolute Bedürfnislosigkeit und deren Durchsetzung heutzutage führt, findet man in Afghanistan beispielhaft vor Augen geführt. Seit zwanzig Jahren ging es dort um die Etablierung des islamischen Fundamentalismus. Das bedeutete zum einen zwanzig Jahre kriegerische Auseinandersetzung und zum anderen vor allem in den letzten Jahren des Fundamentalismus in Aktion die Propagierung und gewaltsame Durchsetzung absoluter Anspruchslosigkeit. Das gesamte öffentliche Leben kam zum Erliegen. Kein Markt, kein Tanz, keine weltliche Musik, kaum Bildung, so gut wie keine Produktion, auch keine Erhaltung und Erneuerung von Gebäuden, völlige Unterdrückung der Frauen . Nur Waffen und Gewalt und drastische Bestrafungen.

Es ist also im höchsten Grade problematisch, Bedürfnislosigkeit zu propagieren oder sie gar durchsetzen zu wollen.

Überdies funktioniert das heutzutage überhaupt nicht mehr , wenigsten nicht auf Dauer. Das Netz der Kommunikation überspannt inzwischen die ganze Erde. Es wirkt global. Weder China noch Afghanistan noch irgend ein anderes Land sind heutzutage gegen den sogenannten Westen abzuschirmen. Das Fernsehen allein tut's schon. Das hohe Bedürfnis – und Anspruchsniveau westlicher Länder blendet und verführt.

Aber ist es schon problematisch, hohe Bedürfnisse dort zu haben, wo auch der Boden ist, aus dem sie wachsen können und konnten, wo es also gewissermaßen natürlich ist – geradezu kriminell wird es dort, wo Ansprüche sind ohne jegliche materielle, finanzielle, wirtschaftliche Voraussetzungen dafür. Man versucht dann alle Möglichkeiten, nicht zuletzt illegale, direkt an den großen, verheißungsvollen Trog zu gelangen, und gerät erst recht ins Unglück, weil man seine letzte Habe dabei aufs Spiel gesetzt hatte.

Auch der internationale islamische Fundamentalismus erkannte inzwischen seine Ohnmacht gegen den verführenden Einfluss der westlichen Anspruchsgesellschaft. Er war nicht mehr außen vor zu halten. Deshalb orientierten die Führer um: Ist der westliche Einfluss nicht mehr auszugrenzen, kann man nicht mehr verhindern, dass die verderbliche Flut die Dämme bricht und einschießt, so bleibt nur, die Quelle der Flut selbst zu zerstören. Aus ihrer Sicht Terror, Krieg.

Noch einmal: Unser gesamtes Wirtschafts – und Gesellschaftssystem wird durch immer neue Verführung zu immer neuen, höheren Ansprüchen und Bedürfnissen in Aktion, im Kreislauf gehalten. Aber dieser Hefeteig treibt dabei immer größere Blasen – im Kleinen wie im Großen, und die Summe dieser Blasen bildet die gefährliche Hohlheit des Ganzen.

Du meinst, ich überzeichne?!

Das glaube ich nicht.

Immer wieder begegnet man der Frage, was wohl den Untergang der alten Hochkulturen bewirkt haben mag? Und die Antwort darauf meist: Der Einfall irgendwelcher Barbarenstämme.

Und auf den ersten Blick mag das auch zutreffen. Bleibt allerdings die Frage hinter das Offensichtliche: Wie konnte es Barbaren, also rohen, ungebildeten, militärtechnisch den Hochkulturen jedenfalls unterlegenen Stämmen gelingen zu siegen?

Und also sind wir wieder bei unserem Thema.

Jene Hochkulturen in der Blütezeit ihrer Entwicklung hätte und hatte kein Barbarenvolk besiegen können. Solche Hochkulturen sind ja nicht zuletzt durch militärische Siege über Barbaren und Nachbarn entstanden und erstarkt. Denke an Babylon, auch an Rom!

Aber all diese Kulturen höhlten sich mit der Zeit gleichsam selbst aus, und das funktionierte so, wie ich es dir im Zusammenhang mit der Triebkraft der Bedürfnisse und Ansprüche beschrieben habe... Es ist die „Hefewirkung", die das Ganze schaumig aufbläht und höhlt. Am Ende braucht's dann nur eines beherzten Ansturms von außen, und die Schwäche wird offenbar.

Noch einmal: Mit den Bedürfnissen und Ansprüchen ist es wie mit der sagenhaften Hydra. Jedes erfüllte Bedürfnis erweckt neue, höhere Ansprüche und Bedürfnisse. Die Ansprüche heben sich so mit der Zeit über den Boden des Realen. Sie bilden eine eigene Sphäre. Wir sprechen von Anspruchsdenken, Anspruchsniveau, von Anspruchsgesellschaft.

Daran wäre nichts auszusetzen, wenn es sich dabei nicht verabsolutierte und mit der Zeit reales, produktives, der Allgemeinheit verpflichtetes Denken verdrängte, wenn es dann nicht mehr um gemeinsame Anliegen, sondern um das eigene Anliegen, das eigene Bedürfnis, die Verwirklichung der eigenen Ansprüche an das Leben geht, wenn Verantwortlichkeit gegenüber anderen und der Gesamtheit keine Größe mehr darstellt. Dann verliert die Gesellschaft an innerer Bindung, dann zerfällt, zerbröselt, zerblast sie.

Diogenes war doch kein Schwätzer, erst recht kein Narr, dass er mit der Laterne einherging und in einer Tonne lebte. Er war einer der Weisesten des alten Griechenland, einer jener Hochkulturen, von denen wir hier reden. Er wusste genau, was er tat , und was er wollte.

Später entdeckte man noch eine ganz andere philosophische Konsequenz. Da traten Leute auf, die den Krieg als natürliches Mittel zur Regenerierung der Kulturen propagierten und priesen.

Freilich ist nicht zu leugnen, dass der Krieg durch die gesamte Menschheitsgeschichte hindurch nicht nur als der große Zerstörer, sondern immer wieder auch als Erneuerer fungierte.

Während des Krieges und danach reduzierten sich die Ansprüche der Betroffenen meist auf das Allernötigste, und der Prozess der Kultivierung konnte gleichsam aus geläuterten Anfängen wieder neu beginnen. Es ist wie mit den Feuern in der australischen Buschlandschaft: Die Ureinwohner legten sie absichtlich und kontrolliert an, um der neuen Vegetation Luft und Licht zu verschaffen.

Aber dennoch: Leute, die den Krieg gleichsam als Erneuerer heiligen und propagieren, geben der

Eigendynamik innerhalb der menschlichen Gesellschaft zu viel Raum. Das ist vergleichbar dem
Prinzip einer absoluten Marktwirtschaft. Beides
entbehrt der eigentlich menschlichen, besser noch
gesagt humanistischen Komponente, und so wird
oder bleibt das Ganze unmenschlich, inhuman.
Man kann es nicht akzeptieren.

Aber ich sage dir: Die Automatisierung der Produktion zieht einen recht fragwürdig gemischten Schweif nach.

Zugegeben: Sie erleichtert uns viel der schweren physischen Arbeit. Sie schafft uns dadurch Freiräume für individuelles Leben, Zeit und Möglichkeiten zu denken, uns zu erholen, Sport zu treiben, zu lieben, Dinge zu tun, denen unsere eigentliche Sehnsucht gilt. Das ist nicht gering zu schätzen! Aber die Sache hat eben auch eine Kehrseite. Die Automatisierung zeitigt einen allgemeinen Verlust an Sinn für Werte, zuerst einmal für materielle.

Wieso?

Das ist doch klar! Was einer durch seiner Hände Arbeit geschaffen, das ist in dem Grade wertvoll, wie es Zeit und Mühe gekostet hat – für ihn selbst wie für andere, die darum wissen, weil sie selbst mit ihrer Hände Arbeit herstellen.

Wie sagt es Bert Brecht: „...Alle sollen was bauen, da kann man allen trauen..."

Das ist es! Wer baut und um das Bauen weiß, der ist kein Zerstörer, der ist ein Bewahrer, dem kann man trauen, der bricht keinen Krieg vom Zaun...

Wie aber, wenn man keine Beziehung mehr zum Bauen, zum Erschaffen, zum Produzieren hat? Dann hat man sie auch nicht zum Produkt Dann hat man keinen Maßstab mehr für den eigentlichen Wert der Sache. Dann ist man nicht unbedingt Bewahrer, dann ist man leicht sogar Zerstörer.

Da klagen die Leute von heute über diese Jugend. Sie können nicht begreifen, wie es möglich ist, dass Jugendliche, ja Kinder schon, so gar keine Achtung vor den Dingen haben. Sie werfen mutwillig Scheiben ein, beschädigen Wände und Einrichtungen und Schilder und Autos (natürlich die anderer!) und, und ...

Wieso?

Ganz so, wie ich dir hier beschrieben habe. Ihnen fehlt es an Sinn für den Wert der Dinge, die sie zerstören oder beschädigen. Sie haben weder Anteil an deren Produktion, noch kriegen sie überhaupt etwas von deren Herstellung mit. Für sie sind die Dinge einfach da, gerade so, als hätte sie ein mächtiger Gin dahergezaubert.

Tatsächlich: Kinder von heute müssen den Eindruck gewinnen, dass die Dinge unseres täglichen Lebens gleichsam von selbst wachsen und nachwachsen. Man kann sie köpfen, wie man es mit Disteln tut

Warum aber sollte man sich dann das Vergnügen versagen, einmal die Wirkung eigenen Tuns, eigener Kraft zu erleben?

Ein Töpfer, der den Ton unter seinen Händen formt, weiß um die Wirksamkeit seiner Kraft, seines Geschicks. Sein Sohn, der zusieht, auch.

Ein Schmied gewinnt mit jedem Schlag Form. Das ist ein beglückendes Gefühl.

Auch ein Dreher an der Maschine erlebt das Gestalt-Annehmen, das Werden unter seinen Händen.

Was aber tut ein Kind, ein Jugendlicher, schließlich selbst ein Erwachsener, der dergleichen nie erlebt? Auch er sucht die unmittelbare Wirkung auf sein Tun, seinen Einsatz, seine Kraft, sein Geschick. Er sucht die Sinnlichkeit dieses Erlebens. Und nichts ist so leicht, so unmittelbar in der Reaktion, in der Wirkung, so befriedigend darin , wie zerstören, verbiegen, zerbrechen, zersplittern, in die Luft fliegen lassen. Und man kann es ihnen nicht einmal recht verübeln. Die natürliche Art, ein Wirken sinnlich zu erleben, ist vielen innerhalb dieser gepriesenen, modernen Produktionswelt verwehrt.

Aber durchaus! Ich sprach von einem sehr fragwürdig gemischten Schweif, den die Automatisierung der Produktion nach sich ziehe. Und da ist der Verlust für die Wertigkeit der Dinge, die den materiellen Rahmen unseres Lebens ausmachen und der sich in immer zunehmenden Delikten der Sachbeschädigung, wie es im Polizeijargon heißt, äußert, bei weitem nicht die einzige und nicht einmal die problematischste Folge.

Ja, für noch problematischer halte ich den Verlust an sozialer Bindung.

Der Mensch ist ein Herdentier. So ist er geworden, und danach ist also auch sein Bedürfnis. Er braucht die Gemeinschaft. Er braucht den sozialen Widerhall auf sich selbst. Das ermöglicht ihm, sich abzugrenzen und sich als sich selbst zu fühlen, zu erleben. Er braucht die Bestätigung wie auch die Einschränkung durch andere. Ohne dies wird er krank an Seele und Leib.

Von den Anfängen des Jagens und des Ackerbaus bis noch vor wenige Jahrzehnte arbeiteten die Menschen in Gemeinschaft und waren aufeinander angewiesen. Diese Gemeinschaft war wie ein Hort, in dem sich der einzelne aufgehoben fühlte, selbst wenn die zu verrichtende oder gar zu bewältigende Arbeit körperlich anstrengte. Diese Gemeinsamkeit harmonisierte das Leben und das im wahrsten Sinne des Wortes. Häufig nämlich ging sie buchstäblich in Gesang auf. Wir kennen Gesänge zu häuslichen Verrichtungen wie dem Spinnen, zur Ernte von Heu, Getreide, Wein. Wir kennen die Gesänge der Schwarzen beim Pflücken der Baumwolle oder die der Matrosen zur Arbeit auf See. Auch früher aus den Zeiten der alten Hochkulturen weiß man, dass viele Arbeiten überhaupt nur bei abgestimmtem Gesang zwischen dem Vorarbeiter und den übrigen möglich waren. Denke an den Transport tonnenschwerer Bausteine. Nur ein harmonisierter Bewegungsablauf aller Beteiligten konnte derartige Kolosse von der Stelle bringen, und den garantierte gemeinsamer Gesang.

Und singend wurde nicht allein Arbeit verrichtet, singend erlebte man Gemeinschaft in überhaupt größtmöglichem Grade, fühlte sich in ihr aufgehoben, bestimmt, gesichert.

Die Automatisierung hat all diese Gemeinschaft aufgelöst. Heute sitzt der Landwirt einsam auf seinem Traktor, der Fernfahrer allein hinter seinem Lenkrad. Isoliert so der Konstrukteur, der Künstler, die Sekretärin, der Journalist, der Pförtner, die Hausfrau, die Hotelhilfe, der Taxifahrer und, und...

Es ist tatsächlich so: Von diesen Zusammenhängen scheinen die Kommunisten der DDR mehr gewusst oder wenigstens geahnt zu haben als die Marktwirtschaftler des Westens. Jene haben das Problem zumindest erkannt und versucht zu lenken und gegenzusteuern.

Für die Propagandisten des Sozialismus war die Produktion nach wie vor ein kollektiver Prozess. Innerhalb der Arbeit sahen sie die Verwirklichung des Menschen, und indem Arbeit kollektiv verstanden wurde, sollte das Arbeitskollektiv die eigentliche sozialistische Zelle werden. Dort sollte sich der einzelne aufgehoben und bestätigt finden. Dort würde er erzogen werden.

So sollte auch die Arbeitsstätte wie ehedem der Boden sein, aus dem Gemeinsamkeit, Kultur, künstlerisches Erleben sprossen bzw. sprießen sollten. Es entstanden Betriebschöre, Betriebsorchester, Betriebsensembles, sogar Zirkel schreibender Arbeiter, auch sogenannte Arbeiterfestspiele, wo die in den Betrieben aufgegangene Saat öffentlich werden, wo ihr ein Forum werden sollte.

Aber freilich – und das ist eben allemal der Pferdefuß sozialistischer Einrichtung – es war diktiert, angeordnet, angewiesen. Es wuchs nicht natürlich. Denn der Boden war so nicht gegeben wie früher. Die Gemeinschaftlichkeit eines sozialistischen Kollektivs oder einer ebensolchen Brigade war nicht derart zwingend wie ehedem. Auch unter sozialistischen Verhältnissen war die Modernisierung der Produktion zu weit fortgeschritten. Einjeder stand für sich allein an seiner Maschine, ja selbst am Fließband.

Aber die Kommunisten regierten nach dem Grundsatz: Es ist, was sein soll, und es ist nicht, was nicht sein darf.

Und so diktierten sie also selbst das Entstehen von Arbeiter – und Jungendliedern. Auf Beschluss gab es eine sozialistische Singebewegung (Vorbild dafür war zwar ausgerechnet die amerikanische, aber auf all solche Absurditäten in diesem Zusammenhang eingehen zu wollen, wäre wahrlich ein zu weit gestecktes Feld!) mit Liedern, die wie einst aus dem lebendigen Arbeitsleben selbst entstanden sein sollten.

Das Verrückteste bei all dem: Infolge der Verlagerung der sozialistischen Kultur in die Betriebe welkte das natürlich gewachsene kulturelle Leben innerhalb der Wohngebiete dahin. Vor allem die Dörfer verödeten kulturell völlig. Kein Laienspiel, kein Tanz, kein Gesang mehr dort, wo alles ursprünglich einmal herkam.

Mit der Wende schließlich und der „feindlichen Übernahme" der DDR in die BRD wurden die sozialistischen Strukturen der Produktion zerschlagen und damit natürlich auch der Boden zertreten und zerstampft, auf dem die Jungpflanzen jener Arbeitskultur gewachsen waren – ob künstlich oder nicht, das sei nun erst mal dahingestellt. Am Ende jedenfalls blieb überhaupt nichts – weder innerhalb der Arbeitswelt noch innerhalb der Wohngebiete...

Wahrlich, ein fatales Erbe!

Aber es ist das Erbe der Dummheit, der Dummheit aus Überheblichkeit. –

Und selten sagt ein Wort derart direkt und klar aus, worin sein Eigentliches besteht. Der Überhebliche verliert den Boden unter den Füßen, er hebt ab, er bewegt sich haltlos.

Eine der ältesten Sagen der Menschheit erzählt

vom Riesen Antäus, dem Sohn der Erde, der unbesiegbar blieb, solange er auf dem Boden dieser seiner Mutter stand. Ohne Berührung zu ihr aber, also überheblich, verlor er seine eigentliche Stärke. Herkules, der darum wusste, hob ihn in die Höhe und besiegte ihn so. Er nahm ihm den Boden unter den Füßen, er machte ihn überheblich.

Die Überheblichkeit der Kommunisten, ihre Dummheit bestand darin, dass sie die Verwirklichung ihres Ideals einfach in die Luft bauten, indem sie die Eigengesetzlichkeit eines gesellschaftlichen Gesamtsystems strikt leugneten und ihr grundsätzlich entgegen wirkten.

Ihr Phantom nahmen sie für die Realität. Sie bewegten sich haltlos.

Du kommst mir schon wieder mit dem Vorwurf, ich überzeichne.

Ich glaube, der Eindruck entsteht dadurch, dass ich ziemlich stark komprimiere. Wäre das Ganze breiter angelegt und mit entsprechenden Beispielen aufgefüllt, erschienen die Entwicklungslinien nicht so kurz und bündig, und der Eindruck wäre ein anderer. So zielt das Ganze doch relativ direkt auf den Endzustand hin und so über manches gegenwärtige Stadium hinaus. Insofern hast du freilich Recht. Aber verfolge die einzelnen Tendenzen weiter – sie münden, wie ich es beschreibe.

Wenn du freilich pardu manches von dem, was ich zum Fakt erhebe, als solchen in der Gegenwart unserer Gesellschaft nicht wiederfinden kannst, dann bin ich gern bereit, in einigem ausführlicher bzw. nachdrücklicher zu werden.

Der Vandalismus besonders unter Jugendlichen und Schulkindern als Folge des Verlustes jeglicher Wertvorstellung ist keine Kleinigkeit, keine Anfangserscheinung, sondern eine, inzwischen die Öffentlichkeit deutlich belastende Größe. Schon sind wir so weit, dass man mit Sicherheit annehmen kann, ja muss, dass Neues in einem Wohnort, seien es Verkehrsschilder, Leiteinrichtungen, Häuserfassaden oder wie im jüngsten Fall bei uns eine unter allen erdenklichen Schwierigkeiten und Aufwänden erstellte Weihnachtspyramide zumindest beschädigt, wenn nicht ganz zerstört werden. Nach den Leuchtkerzen besagter Pyramide übte man sich im Zielwerfen (eine Kerze allein kostet ca 15 Euro).

In den Schulen und öffentlichen Einrichtungen wie z. B. Wartehallen ist es am schlimmsten. Nichts ist dagegen gefeit.

Die Kinder und Jugendlichen – ich sage es noch einmal – zerstören, weil sie keine Vorstellung vom Wert der Dinge haben. Und sie haben diese Vorstellung nicht, weil sie absolut nichts von der Herstellung dieser Sachen bemerken, damit einfach nicht in Berührung kommen, sie so den Eindruck gewinnen müssen, der allgemeine Überfluss produziere sich gleichsam von selbst.

Dazu kommt das Bedürfnis, Reaktionen auf den Einsatz eigener Kraft, eigenen Geschicks, eigenen Aufwands erleben, erfahren zu wollen, und nirgendwo ist das einfacher, unmittelbarer, direkter als beim Zerstören.

Sind die Jugendlichen über 18 Jahre alt, dann gibt es freilich noch eine Möglichkeit, sich in besagter Art zu erproben: Das Auto. Sie suchen die Grenzsituation bewusst. Was dabei herauskommt, ist tragisch genug: Die bis 25 – Jährigen bilden 8% aller Autofahrer, sind aber mit über 40% an Unfällen mit tödlichem Ausgang beteiligt.

Du kannst dich nun selbst fragen, ob wir mit dieser Entwicklung erst am Anfang stehen, ob also zu erwarten ist, dass es noch schlimmer wird, oder ob vielleicht ein Aufhalten oder ein Umkehren denkbar ist. Verlier aber dabei die marktwirtschaftliche Gesamtkonstellation nicht aus dem Blick!

Die Mechanisierung und Automatisierung befreit in einem solchen Grade von körperlicher Belastung, dass man allgemein völlig verlernt hat, sich wirklich anzustrengen. Man ist dazu gar nicht mehr recht in der Lage.

Bei den Erwachsenen gibt es eine Tendenz zum Ausgleich. Man sucht die körperliche Belastung beim Sport, in den Fitnessstudios. Sogar der Urlaub erfährt neuerdings einen anderen Charakter. Da man sich im Arbeitsleben nicht belastet, nicht körperlich angestrengt hat, sucht man das nun im sogenannten Erlebnisurlaub.

Was aber ist mit den Kindern? Indem sie körperliche Belastung aus dem Leben um sich her verbannt finden, wachsen sie ohne Verhältnis zu Anstrengung auf. Sie bemerken allgemein, dass körperliche Anstrengung grundsätzlich keine Größe darstellt, gewissermaßen keinen Stellenwert hat. Begegnen sie ihr also, dann mit entsprechender Skepsis: Wozu? Ist das wirklich nötig? Muss ich mir das antun? Lohnt das der Mühe? ...

Schließlich sind sie zu Anstrengung überhaupt nicht mehr fähig. Sie haben weder die körperlichen noch die mentalen Voraussetzungen dafür. (Wenn du es an Ort und Stelle erfahren willst, dann begleite Kinder einer Schulklasse auf einem Wandertag. Du wirst dein Blaues Wunder erleben!) Schließlich gehen sie aber auch geistigen Anstrengungen aus dem Wege.

Und das ist nun alles andere als überzeichnet – und wohlgemerkt: Es ist Auswirkung unserer modernen Art zu produzieren, auch wenn das eine mit dem anderen gar nichts zu tun zu haben scheint.

Aber weiter! Über 40% aller Schulkinder unseres Landes wachsen in einem Alleinerziehenden – Haushalt auf; die Statistik sagt es.

Welch ein Grad von Auflösung traditioneller, familiärer Bindungen!

Aber freilich: Wenn die Flexibilität, die man dem kleinsten Element innerhalb dieses Wirtschaftssystems zuordnet, zu groß wird, dann ist das mit fester Bindung kaum zu vereinbaren.

In der Zeitung las ich im Zusammenhang mit den

leidigen Vermittlungsproblemen der Arbeitsämter: „Auch ein promovierter Chemiker, der keinen Job hat, kann Sachbearbeiter in einem Labor sein." Und damit ist ja noch nicht einmal das Maß der Zumutung ausgeschöpft. Jenes Labor, in dem er von Arbeitsamts Gnaden fortan wieder eine Weile jobben darf, liegt möglicherweise so weit weg, dass der promovierte Chemiker auch noch umziehen oder von seiner Familie getrennt leben muss.

Neben uns im Haus wohnt ein junges Paar. Sie arbeitete in einer nahe gelegenen Käserei. Als die zugunsten eines modernen Großbetriebs aufgegeben wurde, hieß es: Entlassung oder Übernahme. Die Übernahme bedeutete 3-Schichtbetrieb und zudem einen Arbeitsweg von täglich 100 km. Sie hat natürlich die Übernahme gewählt. Seitdem sieht man sie nur noch sehr selten. Der Mann ließ sich zum Fernfahrer umschulen; er kommt, wenn alles gut geht, allenfalls am Wochenende nach Hause. Einen vierjährigen Sohn gibt es auch noch. Er wächst bei den Großeltern auf.

Nun sag mir: Welche Kinder aus derartigen Verhältnissen werden ein langwieriges Studium auf sich nehmen oder selbst eine Familie gründen? Ist es nicht tatsächlich vorteilhafter für sie, von vornherein zu jobben und ungebunden zu bleiben? Umso eher, als das leidige Anspruchsniveau, von dem wir schon sprachen, sein übriges tut.

Noch zu DDR-Zeiten heiratete man gewöhnlich mit Anfang zwanzig. Man richtete sich recht und schlecht auf den anderen ein. Heute will man zuvor erst mal sich selbst gefunden haben, um dann festzustellen, dass Zugeständnisse an irgendeinen Partner überhaupt nicht infrage kommen.

Es lebe die moderne Industriegesellschaft, die uns solche Entwicklungen beschert!!

Kehren wir zum Eigentlichen, zum Thema Schule zurück.

Ich hoffe allerdings, dass dir der gesamte Komplex Schule nach dem bisher Gesagten schon problematisch erscheinen muss.

Gegenstand der Schule sind die Kinder - aber heutzutage eben die Kinder von heute. Zumindest angedeutet haben wir aber eben schon, dass diese Kinder von heute alles andere sind als die von gestern. Die Schule allerdings ist noch durchaus die von gestern und ehedem.

Die Kinder von heute wachsen in Familien auf, die das nicht mehr sind, was sie einmal waren: Horte der Geborgenheit und des Lernens und der Pflichterfüllung. Kinder von heute haben keine Pflichten innerhalb der Familie, und was sie lernen, tragen sie eher in die Familie hinein als aus ihr heraus. Sie lernen anderswo – auf der Straße, unter Gleichaltrigen. Heutzutage sind es die Eltern, die von den Kindern lernen, was die Rolle der Kinder grundsätzlich ändert und damit vor allem natürlich das Verhältnis der Jungen zu den Erwachsenen.

Die Jungen leben mit einem recht ausgeprägten Überlegenheitsgefühl, denn das den Eltern gegenüber übertragen sie selbstverständlich auf alle Erwachsenen. Die Mütter akzeptieren meist stillschweigend, die Väter reagieren mit körperlicher Überlegenheit und versuchen, so lange wie möglich per „Machtwort" ihren Status zu wahren. Das erschöpft sich freilich bald. Übrig bleibt Resignation bei den Eltern.

Woher aber diese Überlegenheit der Kinder?

Sie resultiert wiederum über einige Ecken aus der modernen Produktionsweise, aus dem hohen

Entwicklungsstand von Technik, von Automatisierung, von Information und Computerwelt.

Die Zyklen von einer Neuheit zur anderen, die Zyklen der jeweiligen Moderne werden immer kürzer, was bewirkt, dass man allgemein wenig Zeit und Gelegenheit erhält, vertraut zu werden mit Dingen, Zuständen Abläufen, Situationen, mit der Welt schlechthin. Man begegnet stets Neuem, auf das man sich stets neu einstellen muss. Man hat weder Zeit noch Gelegenheit, Erfahrungen zu sammeln. Je älter man so wird, desto weniger gelingt die immer neu geforderte Anpassung und Einstellung, und desto unsicherer bewegt man sich.

Die Kinder dagegen sind von Natur aus auf Lernen und Anpassung eingestellt. Sie erleben Neues erst mal nicht als solches, sondern als Selbstverständliches. Sie haben die Erfahrung noch nicht, dass diese Erfahrung nur eine und nicht die grundsätzliche ist. Sie halten die ihre deshalb für die eigentliche, prinzipielle, einzig wahre und führen sie mit Erfolg gegen die unsichere, an Wiederholungen und Umorientierungen geschwächte der Erwachsenen und Eltern. Deren Erfahrungen können dieser Jugend nichts gelten. Die Verhältnisse sind durchaus umgekehrt zu früher, und das eigentliche Feld, wo sich das zuerst und fast ausschließlich abspielt, sind die Familien und die Schule.

Es ist geradezu erschütternd zu verfolgen, wie die öffentliche Diskussion zum Problem Schule alles Mögliche ins Kalkül zieht, wie man über Schülerzahlen, Klassenstärken, Lehrergehälter und Stundentafeln streitet und gar bis vor das Verfassungsgericht zieht, um den ältesten Zopf der

ältesten Schule, den Religionsunterricht, selbst
dort zu verteidigen, wo der weitaus größte Teil der
Schüler überhaupt nicht konfessionell gebunden
ist, vom Eigentlichen aber, von dem Umkehrverhältnis zwischen Kindern und Erwachsenen
von heute ist nirgendwo die Rede. Weiß man es
denn nicht? Sieht man's denn nicht? Nichts ist
doch aber so offenbar wie das!

Du meinst, es würde nicht nur formal, es würde auch inhaltlich etwas zur Verbesserung der Situation getan, und du verweist in diesem Zusammenhang auf die Einführung des Faches Ethik. Also hast du mich überhaupt nicht verstanden!

Wohl mangelt es dieser Jugend an Ethik, da ist gar keine Frage. Aber zu glauben, diesem Mangel mit der Einführung eines Unterrichtsfaches Ethik wirksam begegnen zu können, ist mehr als naiv. Was bedeutet es denn?!

Man bildet einen Lehrer speziell dafür aus und macht damit die Sache zur Angelegenheit eines einzelnen Kompetenten. Natürlich eines Kompetenten; es könnte ja sonst jeder daherkommen! Und dieser einzelne, dieser Kompetente, geht dann von Schule zu Schule – gewissermaßen als eine Art Handlungsreisender in Sachen Ethik. Wirklich absurd!

Ganz abgesehen von jenem Umkehrverhältnis zwischen Kindern und Jugendlichen einerseits und den Erwachsenen andererseits, von dem ich dir sprach und das letztlich der Jugend alles, was das Alter predigt, von vornherein suspekt erscheinen lässt – glaubt man denn wirklich, Ethik lasse sich lehren wie Mathematik? Grundhaltungen ließen sich überhaupt lehren? Es geht doch hierbei nicht um irgendein Wissen, es geht doch um Haltungen. Für die ist zwar Wissen nicht ganz ohne Belang, aber sie entstehen doch anders als einfache Kenntnisse, auch Erkenntnisse. Sie müssen erlebt, erfahren, empfunden, tausendfach untermauert sein, ehe sie sich etablieren, ehe sie Bestandteil der Persönlichkeit werden. Wie kann man nur so naiv sein zu glauben, sie ließen sich aus einem einfachen Unterrichtsfach herleiten, gründen?! Im besten Falle werden sie so der Persönlichkeit gerade mal angeheftet, von außen angeklebt. Sie werden so aber nie unser Eigenes, das schließlich ausschlaggebend sein muss für all unsere Einstellungen und Handlungen!

Man wirft sich in die Brust und tut so, als hätte man mit dem Fach Ethik eine sonst wie ethische Leistung vollbracht ... Nichts hat man damit wirklich getan. Ein bisschen Tünche geschmiert und auch das noch unlauter, denn eigentlich handelt es sich ja nur um einen Ersatz für den Religionsunterricht, den man aber nicht mehr zur Pflicht erheben kann, weil zu wenige der Schüler überhaupt einer Religionsgemeinschaft angehören.

O, ich weiß, dass ich mit dieser Argumentation in ein Wespennest steche. Ich höre den Aufschrei: Hier will uns einer die einzige Bastion, die wir gegen den moralischen Verfall unserer Schuljugend überhaupt haben, auch noch niederreißen. Sieht er denn nicht, wohin der Trend geht? Sieht er die steigende Kriminalität dieser Jugend nicht? Wird er des Werteverfalls nicht gewahr? Wie kann er den einzigen Damm, den wir dagegen errichten, auch noch schleifen wollen?

Ja, genau das will ich. Aber eben, weil ich im Fach Ethik diese Bastion gegen den Werteverfall nicht sehe. Mit oder ohne dieses Fach – die Ursachen liegen ganz woanders, wie ich dir hergeleitet habe oder wenigstens glaube, es getan zu haben, und deshalb können formale Belehrungen eher schaden als nützen. Irgendwo habe ich es kürzlich gelesen: Das Gegenteil von gut ist gut gemeint. Man meint es zwar gut mit der Einführung dieses Faches, aber man erreicht genau das Gegenteil von dem, was man sich damit erhofft.

Wenn ich bedenke, wie einer der intelligentesten und auch bravsten Schüler, die ich hatte, als ich ihn nach Problemen im Gymnasium fragte, nur von Schwierigkeiten in einem Fache sprach: von Ethik. Die Themen seien aufgesetzt, die Gespräche und Stellungnahmen erzwungen (ich musste unwillkürlich an unser Parteilehrjahr zu DDR-Zeiten denken!)

„Ja, wenn man es so primitiv anstellt", höre ich, „dann muss man sich freilich nicht wundern, wenn die Schüler nicht mitgehen und gähnen und zur Decke gucken oder zum Fenster hinaus!"

Wie soll er es denn aber machen, der Ausgebildete, der Kompetente, der Reisende in Sachen Ethik?

Ja, wenn er im alten Griechenland lebte als Philosoph von Rang, so dass die Jugend zu ihm strömte, ihn zu hören und mit ihm Gedanken zu tauschen! Dann könnte er seine Jünger ins Freie führen unter eine edle Pinie oder stattliche Eiche und seine Weisheit wie einen Segen austeilen.

Aber er ist nicht im alten Griechenland, sondern hier in unserer gepriesenen Republik, im Lande der Millionäre und der Arbeitslosen, der predigenden Politiker und der Asylanten, die nicht arbeiten dürfen, weil sie kein Wohnrecht haben, und die kein Wohnrecht haben, weil sie nicht arbeiten dürfen, im Land der Fußballhelden und der Kriminellen, der gelehrten Ethik und des gelebten Stress'- kurz im Lande der etablierten Marktwirtschaft und der Automatisierung, im Land der verunsicherten Alten und der umso sichereren Jugend, die lediglich Gesagtes grundsätzlich nicht annimmt...

Und er hat einen Lehrplan, der Ausgebildete, der

Kompetente in Sachen Ethik. Der Plan schreibt ihm vor, welche Themen zu behandeln sind. Das allerschlimmste aber: Er hat zu zensieren. Er hat seinem Vorgesetzten nachzuweisen, wie er was wann abgehandelt hat und mit welchem Ergebnis. Und die Schüler haben die Zensuren zu liefern. Sie müssen sich gefallen lassen, dass der Grad ihrer ethischen Einsichten, sofern überhaupt vorhanden und nicht nur vorgetäuscht, mit einer Ziffer bewertet wird, eingeordnet in eine Skala von eins bis sechs. Eigentlich müsste der arme Kollege ja Haltungen bewerten, denn allein auf die kommt es ja an, und allein die wären ja anzustrebendes Ziel eines solchen Unterrichts. Aber Haltungen zeigen sich nicht eindeutig, wenn da nicht klare Bewährungen sind. Wie soll der kleine Kollege die aber inszenieren innerhalb einer Wochenstunde? Er hat keine, absolut keine. Also bleibt alles bei Worten, bei Erklärungen und Lippenbekenntnissen. Es bleibt bei hohler, langweiliger Abhandlung. Wie gesagt: Das Gegenteil von gut ist gut gemeint.

Und da ist schließlich noch eine Auswirkung, die offenbar überhaupt nicht ins Kalkül gezogen wurde, als man das Unterrichtsfach Ethik einführte, nämlich die auf die übrigen Kollegen Lehrer.

Die mögen sich durch ihre Ausbildung oder durch ihren eigenen moralischen Habitus die Verantwortung für ethische Erziehung der ihnen anvertrauten Jugendlichen und Kinder auferlegt gefunden haben – nun aber, da ein eigens benannter Verantwortlicher in dieser Sache da ist, werden sie ihren Anteil daran auf ein Minimum beschränken oder ganz und gar von sich weisen. Das Verrückteste: Sie werden es vor allem in dem Maße tun, wie die Moral der Jugend zu wünschen übrig lässt. „Wir sind die Schuldigen nicht!" werden sie sagen und werden sich dabei auf ihre Unmündigkeit in dieser Sache berufen, die ihnen durch die Einführung des speziellen Faches Ethik gleichsam bescheinigt wurde.

Ethische Erziehung ist die komplexeste und komplizierteste überhaupt. Ethische Ansichten und Grundhaltungen wachsen mit Abertausenden Wurzeln aus ebenso vielen Gründen und Erlebnissen, Situationen und Bewährungen. Worte und Gespräche tun dabei das wenigste. Die steten kleinen Tropfen sind es, die im Laufe einer Erziehung und Bildung über die gesamte Schulzeit hinweg und von überall her „den Stein höhlen." Jeder Lehrer ist mit seiner ganzen Persönlichkeit daran beteiligt. Niemandem darf erlaubt werden, sich da zurückzuhalten. Die Verantwortung liegt bei allen Lehrern wie natürlich bei den Eltern auch und den übrigen Erwachsenen in völlig gleichem Maße. Ein einzelner Verantwortlicher, und sei er noch so gut ausgebildet, ist eine Absurdität. Die Kinder und Jugendlichen spüren das mit der ihnen eigenen Empfindlichkeit, mit ihrem speziellen Sinn für Wahrhaftigkeit am ehesten und am sichersten. Die intelligentesten unter ihnen weisen mit Worten zurück, die anderen mit Uninteressiertheit und Langeweile. Du kannst das wahrhaben wollen oder auch nicht, an den Tatsachen ändert das nichts.

„Aber wenn das Verhältnis von Erwachsenen und Kindern heute gleichsam umgekehrt ist und diese Jugend den Erfahrungen und gar Belehrungen Erwachsener grundsätzlich misstraut – wie soll unter solchen Umständen Schule überhaupt stattfinden? Wie soll das funktionieren?" –
Aber, aber, mein Lieber! Bist du sicher, dass du das mich fragen wolltest? Ich bin weder bestallter Prophet noch Wissenschaftler. Ich habe keinen Doktor und keinen Lehrstuhl. Was ich also zu sagen wüsste, müsste versiegen wie Wasser in Sand. Wir haben zwar allgemeine Meinungsfreiheit – wir haben sie sogar mit Brief und Siegel – aber das Wort führen dennoch nur die wenigen, die in den Besitz oder in den Gebrauch der Sprachrohre gelangt sind. Sie allein werden gehört, und sie bestimmen letztlich auch, was allgemein gehört und verstanden werden darf.
Aber bitte, wenn du darauf bestehst: Deine Zweifel gehen tief. Sie nagen nicht an irgendwelchen formalen Oberflächlichkeiten, sondern am Prinzip dessen, was man heute Schule nennt. Und genau darum geht es tatsächlich!
Nimm den Begriff „Lehrer"! Woher kommt er? Was besagt er?
Er stammt aus der Zeit, da die Alten das absolute Sagen hatten. Bei den Vätern waren die Grundsätze. Sie hatten sie von ihren Vätern und die wiederum von den ihren. Das Weitergeben von Generation zu Generation bildete den Inbegriff des Bewahrens. Und was es mitzuteilen und zu bewahren galt, war Immergültiges. Kein Junger konnte dagegen an – Jahrhunderte lang. Im „Stillen Don" verprügelt der alte, behinderte Vater den fast 30-jährigen Grigori, und der musste sich

das gefallen lassen. Er durfte die Hand nicht gegen das Alter erheben, denn beim Alter war das Recht. Diese Ordnung wurde als gottgewollt gelehrt. So tief steckten die Alten damals im Kalk ihrer Grundsätze, dass sie mit 40 schon so alt aussahen wie wir heute allenfalls mit 70.

Und wie in der Familie, so natürlich in der Öffentlichkeit. Die Kinder gingen in die Schule , um sich belehren zu lassen. Und Sache der „Lehrer" war zu vermitteln, weiterzugeben, zu belehren.

Zwar standen schon im 18. und 19. Jahrhundert einige dagegen auf und predigten ein anderes Verhältnis zwischen den Schulkindern und ihrem Gegenüber da vorn am Pult – denke an Pestalozzi, Salzmann, Makarenko - aber das waren einzelne, die zu ihren Zeiten auch entsprechend angefeindet und verleumdet wurden, denn sie predigten oder handelten gar gegen die Norm, gegen Überliefertes, als immergültig Deklariertes.

Inzwischen sind aber eben die Gegebenheiten grundsätzlich andere – sogar umgekehrte. Da – und darin hast du nur allzu Recht – kann Schule nach dem herkömmlichen Prinzip des Belehrens einfach nicht mehr funktionieren.

Aber obwohl das so ist, und obwohl man merkt, dass es so ist, wurstelt man einfach weiter, glaubt, durch verstärkte Kontrollen, durch Leistungsprämien für Lehrer, durch „Entrümpelung" der Lehrpläne und dergleichen Oberflächenmaßnahmen das Problem lösen zu können. Ans Prinzip wagt sich keiner, und nach wie vor wird zensiert, selbst dort, wo es himmelschreiendes Unrecht bedeutet.

Ja, du täuschst dich nicht, ich habe etwas gegen Zensuren. Und ich habe nicht nur etwas, sondern so gut wie alles dagegen.

Auch Zensierung, wie wir sie heute noch betreiben, stammt aus der Ära des absoluten Lehrunterrichts: Ich sage dir, was du wissen sollst, und du zeigst mir, was davon du aufgenommen hast. Die Zensur gehörte wie die Peitsche zur Grundausstattung des Belehrenden. Das eine fungierte als physische, das andere als moralische Peitsche. Kalt wird der Schüler nach den Kriterien eines vorgegebenen Katalogs eingestuft. Sechs Ziffern bilden die prinzipielle Werteskala für eine ganze Schülerschaft. Keine Frage nach geistigen Voraussetzungen, keine nach sozialen Bedingungen oder psychischen Befindlichkeiten.

Herkömmliche Zensierung bewertet im Grunde gar nicht den Schüler, sondern den Grad der Wissensvermittlung. Der allerdings ist in erster Linie Sache des Lehrenden.

Aber gerade weil das so ist, darf man es nicht sagen, ohne die gesamte Lehrerschaft gegen sich aufzurufen und Gefahr zu laufen, öffentlich gesteinigt zu werden.

Gut, ich gebe zu, dass nicht die gesamte Lehrerschaft so reagiert. Es gibt auch Lehrer, die genau wissen, dass sie in hohem Grade für das Versagen eines Schülers oder gar einer ganzen Klasse verantwortlich zeichnen und Schuld daran tragen. Aber meiner langen Erfahrung nach sind es leider nur wenige. Die meisten setzen eine 5 oder 6 ohne Gewissensbisse und ohne Gefühl für den jeweiligen Schüler unter die Arbeit. Manche sogar mit einer Art billigen Triumphes: „Da hast du also die Quittung für dein Desinteresse!" (sprich: Abneigung gegen das Fach, was meistens gleich bedeutend ist mit Abneigung gegen den betreffenden Fachlehrer). Da werden mit der Waffe der Zensierung regelrechte Hiebe ausgeteilt, und das eben nicht etwa irgendwann zur Kaiserzeit, sondern heutzutage. Ja, noch gegenwärtig führen Lehrer, vom Leben und ihrem Beruf enttäuscht und verbittert, per Zensur regelrechte Rachefeldzüge gegen die Schülerschaft. Die Schüler sind dem meist schutzlos ausgeliefert.

Gut, indem ich zugebe, dass es auch Lehrer gibt, die mit der Zensur verantwortungsbewusst umgehen, gebe ich zu, dass man prinzipiell so mit ihr umgehen kann und verteufle nicht grundsätzlich. Richtig angewendet, kann man mit der Zensur auch motivieren und locken, kann gleichsam loben und fördern. Aber so etwas ist eine hohe pädagogische Kunst, die eben die meisten weder lernen wollen noch können.

Und heutzutage im Zeitalter der Rechtsstaatlichkeit ist dergleichen ohnehin kaum mehr möglich, denn ein solcher Umgang mit der Zensur bedeutete, sogenannte pädagogische Zensuren zuzulassen, also solche, die auf den einzelnen Schüler zugeschnitten sind, um ihn zu leiten und zu fördern und ihm Erfolgserlebnisse zu schaffen. Eine solche Zensierung wäre aber subjektiv und relativ. Das jedoch ist das schlimmste, was einem Lehrer unter rechtsstaatlichen Bedingungen passieren kann: Dass er nicht objektiv wertet, nicht alle über den gleichen Kamm schert.

Aber gehen wir doch ein bisschen ins Detail, da wird die Problematik gewiss deutlicher.

Wozu sollte es beispielsweise Sportunterricht geben?

Die Antwort scheint klar und logisch: Um die Kinder und Jugendlichen physisch zu stärken, ihre Muskulatur auszuprägen, ihr Reaktionsvermögen zu schulen, Teamgeist zu entwickeln, Freude an körperlicher Bewegung herauszubilden und so anzuregen, auch über den Unterricht hinaus Sport zu treiben. Denn soviel ist klar: Kaum etwas ist für die Heranwachsenden von heute wichtiger. Die sitzen ja fast nur noch. Sie sitzen in der Schule, sie sitzen danach bei den Hausaufgaben, sie sitzen schließlich am Computer und vor dem Fernseher – Stunden lang! Ihre Motorik ist inzwischen so wenig ausgeprägt, dass sie nicht einmal mehr auf dem Schulhof Haschen spielen können, ohne gegeneinander zu rennen oder zu stürzen und sich dabei derart zu verletzen, dass sich die Regionalbehörde gleich erst mal einen Erlass herauszugeben gezwungen sieht, der die Schulleiter und Lehrer auf die Gefahren der Hofpause und auf entsprechende Verantwortlichkeiten verweist (womit sie wiederum nicht mehr tut, als sich innerhalb der Rechtsstaatlichkeit gegen alle Eventualitäten abzusichern, denn so viel wissen die da auch, dass man mit einer Verordnung Unfälle dieser Art nicht verhüten kann).

Sportunterricht ist also unabdingbar. Aber wie sieht er in der Praxis aus?

Da wird völlig irrsinnig regelrechtes Spezialtraining gefordert: Hochsprung, Weitsprung, Kugelstoß, Schnelllauf. Und was dabei herauskommt, wird zensiert. Es ginge ja gerade noch an, wenn diese Zensierung jeweils als Ergebnis eines entsprechenden Kurses erteilt würde. Es ist die Technik des Kugelstoßens vermittelt worden, also lasst uns sehen, was dabei herausgekommen ist!

Aber so läuft das in der Praxis selten. Die Witterungsbedingungen und die Unterrichtszeiten erlauben in den seltensten Fällen, solche Kurse tatsächlich durchzuziehen.

Doch Zensuren müssen sein (Der Chef ist dahinter her wie der Teufel hinter der Seele, denn hinter ihm steht die Behörde). Und so wird gewöhnlich ein Status bewertet – streng nach Punkten und Tabellen natürlich; wir zensieren ja absolut objektiv – der in erster Linie einen körperlichen Entwicklungsstand des jeweiligen Schülers erfasst, der von seinem – sagen wir angeborenen physischen Veranlagungen – abhängt, auf jeden Fall aber in geringstem Grade ein Ergebnis des Unterrichts darstellt.

Und so im Lauf, im Sprung, im Wurf. Jeder von uns kennt das deprimierende Gefühl, für eine Sache nicht prädestiniert zu sein und also zu versagen – womöglich auch noch öffentlich. Wir kennen es aus der Schulzeit und eben vor allem aus dem Sportunterricht

Und sieht es etwa bei den sogenannten Grundübungen anders aus? Liegestütze, Rumpfbeugen und dergleichen? Sind die regelmäßig und über entsprechende Zeiträume trainiert worden, bevor es Zensuren dafür gibt? Auch nur in den seltensten Fällen. Meist auch hier das gleiche: Zensiert wird ein Status, der nicht Ergebnis des Unterrichts, sondern einer allgemeinen oder auch speziellen, prinzipiell aber sehr unterschiedlichen Veranlagung ist. Im Grunde wird der Schüler so diskriminiert. So könnte man auch seine Hautfarbe oder die Weite seiner Nasenflügel oder die Krümmung seiner Nase bewerten und in einer Zensurenskala erfassen.

Es ist nur natürlich, dass viele Kinder und Jugendliche geradezu mit Abneigung reagieren, der Unterricht also auf diese Weise das Gegenteil von dem erreicht, was er anstrebt bzw. anstreben soll.

Nein, nein, der Sportunterricht bildet durchaus keine Ausnahme. Nimm künstlerische Fächer! Da wird alles sogar noch deutlicher.

Der Musikunterricht muss wie jeder andere Zensuren erbringen. Der Schuldirektor überprüft regelmäßig die Klassenbücher danach, ob genügend Wertungen eingetragen sind. Findet er zu wenige, dann gibt es zuerst entsprechende Hinweise, zuletzt gar disziplinarische Maßnahmen gegen den säumigen Kollegen, denn – so die Logik – nur viele Einzelwertungen geben eine halbwegs objektiven Jahreswert. Der Kollege Musiklehrer weiß das natürlich, er ist ja in den meisten Fällen nicht weniger intelligent als der Chef. Also zensiert er.

Erster Hauptbereich des Unterrichts: Singen.

Soll ich den einzelnen darin bewerten – so der Musiklehrer – muss ich ihn einzeln hören. So kommt es, dass Jahr und Tag, so früher wie heute, Schüler vor die Klasse zitiert werden, um sich da singend zu produzieren.

Früher mag das noch angegangen sein; das Singen war keine ganz und gar ungebräuchliche, um nicht zu sagen unnatürliche Art der Äußerung. Heute bedeutet, einen Jugendlichen vor die Klasse zum Singen zu zwingen, nicht weniger als eine psychische Vergewaltigung. Aber unabhängig davon handelt es sich früher wie heute um Unrecht, denn der Solovortrag wurde und wird im Unterricht weder geschult noch außerhalb der Kontrolle gefordert. Auch die Lehrpläne sprechen in ihrer Zielstellung nur vom Klassengesang.

Wir begegnen derselben fragwürdigen Praxis wie im Sportunterricht. Die Schüler werden in ihrer Veranlagung bewertet. Wer sie in hohem Maße besitzt, bekommt eine gute Zensur, wer gering veranlagt ist, wird negativ bewertet und hat obendrein die Angst und Pein der Bloßstellung.

Ganz absurd wird es, wenn gar Jungen während der Zeit des Stimmbruchs zum Vorsingen müssen. O doch, es gibt genügend Musiklehrer, die selbst davor nicht Halt machen.

Das Ergebnis liegt auf der Hand: Abneigung bis zum Hass gegenüber dem Fach, gegen den Lehrer bzw. die Lehrerin.

Seit Jahren leite ich einen Chor. Für manche der Sänger sind es an die zwanzig Kilometer Anfahrt. Einige kommen nach 19 Uhr erst von der Arbeit und sitzen doch 20 Uhr in der Probe. Wir singen zum Teil recht anspruchsvolle Sätze; man ist mit Liebe und Eifer bei der Sache, und wenn es um den Chor geht, steht für viele vieles zurück. Aber sollte ich mir einfallen lassen, irgend wen von ihnen einzeln aufzurufen und zum Sologesang vor den anderen zu zwingen, dann stünde ich schon in der nächsten Probe allein da.

Ein Schüler aber kann nicht einfach davonlaufen, die Schulpflicht zwingt ihn, und da häuft sich der Frust.

Zweiter Hauptbereich: Musikhören.

Die Kinder von heute haben längst freien und unbegrenzten Zugang zu jeglicher Art Musik. Der Musiklehrer mit seiner meist lächerlichen Technik kann sie von vornherein kaum beeindrucken. Auch haben alle längst ihre Favoriten, und wir wissen alle, wie schwer man eingefahrene Gleise verlässt. Seien wir also froh, wenn sich die Schüler heutzutage bereit finden anzuhören, was die Gesellschaft da für sie als unabdingbar nötiges Bildungsgut ausgewählt hat. Seien wir froh, wenn sie überhaupt eine Beziehung dazu aufbauen und nicht gleich zurückweisen, und ersticken wir solchen Anfang nicht gleich im Keime wieder, indem unbedingt eine zu bewertende Aufgabe damit verbunden wird, und sei es nur das Heraushören bestimmter Motive oder Themen oder Instrumente („Man merkt die Absicht, und wird verstimmt".).

Der Musiklehrer muss aber. Er hat Zensuren vorzuweisen. Und er hat keine Zeit. Maximal 20 Stunden im Halbjahr in den meisten Klassenstufen – gerade mal so viel, wie für Mathematik in drei, vier Wochen. Das wird eine Hatz, eine einzige Jagd nach Zensuren – den Lehrern letztlich nicht weniger zuwider als den Schülern.

Mein Gott, waren das Zeiten: Die Monate des neunziger Jahres! Wie waren auf einmal alle Verkrustungen und Verkalkungen aufgebrochen! Die Schulen bestimmten selbst ihren Leiter, bestimmten die Bildungsinhalte neu, schafften absurde Zensierungen ab, saßen Stunden um Stunden und debattierten, entwarfen. Welch eine Flut von Ideen! Welche Kreativität auf einmal! (Dabei hatte man den DDR-Lehrern dergleichen Fähigkeiten doch prinzipiell abgesprochen.) Welche Bereitschaft! Über hundert Kilometer fuhr man, um Vorträge zu einer neuen, befreiten Pädagogik zu hören. Der große Saal des Hygienemuseums in Dresden reichte nicht aus. Man stand in den Seitengängen und vor den Türen. Eine neue Zeitschrift war aufgetaucht: „Metamorphosen" – ein Forum alles wirklich Progressiven.

Aber dann wurden wir Bundesrepublik, und die ganze schöne, aufgewühlte Flut wurde abgeleitet und verebbte wieder in den Kanälen eines lange etablierten Systems. Wieder Vorgesetztentum, wieder Hierarchie, wieder Vorschrift bis auf den einzelnen i-Punkt, wieder also Zentralismus, wieder grauer Schulalltag, nur noch schlimmer als vorher, denn nun waren wir ja ein Rechtsstaat.

Und selbstverständlich wird auch im Fach Kunsterziehung wieder und weiter zensiert.

Was für ein schönes Ding: Kunsterziehung. Nur, ist sie das tatsächlich, soll zum künstlerischen Betrachten und Gestalten erzogen werden, dann sind Zensuren völlig fehl am Platz, ja, sie müssten verboten sein, denn weder für das Betrachten noch für das Gestalten können allgemeine Maßstäbe gelten. In jedem Falle handelt es sich um ganz und gar subjektive Angelegenheiten. Wir wären wieder beim Problem der Zensierung von individuellen Anlagen und Prädestinationen wie im Sport oder beim Singen.

Ist Kunsterziehung aber nicht das, was der Begriff eigentlich beinhaltet, handelt es sich lediglich um Zeichnen und Malen im Unterricht, dann können wir freilich zensieren, aber dann hat auch das Fach nicht den künstlerischen Stellenwert.

Du kannst es drehen und wenden wie du willst – Zensierung in künstlerischen Fächern darf es einfach nicht geben. Gibt es sie dennoch, nimmt man dem Unterricht sein Eigentliches. Allerdings bin ich mir, indem ich so etwas postuliere, völlig bewusst, mit welchem Aufschrei der Ablehnung und Empörung dieselben Lehrer darauf reagieren, die sich durch die Forderung nach Zensierung im Fach unter Druck gesetzt fühlen . Man nehme ihnen die einzige Möglichkeit, die Schüler ihrerseits unter Druck zu setzen, und dann würde erst recht nichts. – Armes Deutschland!

So , so, du meinst also, mich inzwischen gut genug zu kennen, um zu wissen, dass ich auch in der klarsten Suppe diverse Krümel finden werde. Mit anderen Worten: Auch da, wo Zensierung allem Anschein nach legitim ist und Tradition und Stellenwert hat, in Fächern wie Deutsch und Mathematik oder in den Naturwissenschaften, werde ich sie gewiss auch anzweifeln und verteufeln.

Nun, mein Lieber, wenn man ein ganzes Berufsleben lang Lehrer und schließlich auch Schulleiter war, dann weiß man halt mehr um diese Dinge, mehr jedenfalls als jene Zeitungsschreiberlinge, durch welche publik gemacht wird, und mehr auch, als jene Ministerialbeamten, die, selbst wenn sie irgendwann einmal Lehrer waren, ihre unmittelbaren Erfahrungen daher nur allzu schnell verdrängten, sie könnten nämlich sonst kaum ihren Platz da oben auf Dauer besetzt halten. Ja, leider ist auch das eine Erfahrung.

Also zum Thema:

Vor wenigen Tagen erst erfuhr ich im Gespräch mit einer jungen Kollegin, dass der Streit um Wiederholungsfehler noch immer schwelt. Es handelt sich dabei um die wiederholte Falschschreibung ein und desselben Wortes innerhalb eines Diktates oder Aufsatzes. Seit ich selbst junger Lehrer war, kenne ich die Fragen hierzu:

Handelt es sich dann um einen einmaligen Fehler, der sich nur wiederholt und deshalb nur einmal zählt, oder ist es eine stets erneute Falschschrei - bung, die auch stets neu zählen muss?

Nicht wahr, man kann sich gar nicht recht vorstellen, dass so etwas Jahrzehnte lang die Lehrergemüter bewegen kann.

Dennoch. Und da gibt es ja tatsächlich Probleme:

„Ja", sagt der eine, „wenn sich derselbe Fehler mehrmals wiederholt, kann man gelten lassen, dass er nur einmal gezählt wird." –

„Aber da muss man einschränken", fällt ein anderer ins Wort, „es muss derselbe Fehler im gleichen Wort sein. *Führen* ist auch ein zweites Mal ohne *h* geschrieben worden."

Und ein dritter dazu: „Wenn wir so denken, darf auch kein Fehler sein, wenn der Schüler dann Führer ohne h schreibt. Es handelt sich dann zwar nicht um dasselbe Wort, aber um denselben Fehler. Der Schüler würde für seine Konsequenz bestraft, nicht für einen neuen Fehler."

Ein vierter höhnt : „Konsequent wäre dann auch, wenn einer wiederholt den letzten Buchstaben eines Wortes nicht schreibt. Es ist das schließlich auch immer derselbe Fehler, und wir dürften ihn nur einmal zählen!"

Und die jüngste und unerfahrenste Kollegin mischt sich nun auch ein. Sie entschuldigt sich natürlich erstmal für eine solche Dreistigkeit, gibt aber dennoch zu bedenken, dass das gleiche Wort auch mehrmals unterschiedlich falsch geschrieben worden sein kann.

„Und ob!" tönt es bestätigend vom Nachbartisch. „Ich habe erlebt, wie das winzige Wörtlein *für* auf einer einzigen Seite in allen möglichen Varianten auftauchte: Für – vür – führ – alles war dabei." –

„Aber dann handelt es sich doch um Legasthenie!" lässt sich die Kollegin, die unerfahrene, die neue nochmals vernehmen.

„Um was!?" –

„Um die sogenannte Lese-Rechtschreibe-Schwäche." –

„Na, wenn schon, sollte ich deshalb die Fehler

etwa nicht anstreichen und rechnen!?" –

„Aber es handelt sich doch um eine gestörte Veranlagung! Da dürfen wir ..." –

„Kann sich darum handeln, Verehrteste! Kann! Sie kann auch gut und gerne auf mangelnde Lernmotivation oder Konzentrationsschwächen oder noch anderes zurückzuführen sein. Oder wollen Sie das leugnen?"

Die Kollegin leugnet nicht. Ein anderer tut's auch nicht. Und wir wissen spätestens jetzt, wieso jede dieser Diskussionen ausgeht wie das Hornberger Schießen und der Fall noch immer nicht geklärt ist.

Du musst dich nicht entschuldigen. Wer eine Sache lediglich von außen betrachtet, sieht und weiß eben weniger um sie als einer, der mitten drin steht und agiert. Und weißt du wie ich, was gebe es zu schreiben?

Fahren wir also fort!

Über Zensierungsprobleme bei Diktaten will ich mich gar nicht weiter auslassen. Nur so viel, dass es deren auch noch andere gibt. Beispielsweise das der Vorbereitung, denn auch hier scheiden sich die Geister. Die einen meinen, ein Diktat zu schreiben habe nur Sinn und (man höre!) Berechtigung, wenn man den entsprechenden Wortschatz vorher in unterschiedlichsten Übungen und Varianten versucht hat zu festigen.

Die anderen schreien dagegen, dass es sich dann ja wohl nicht mehr um eine echtes Diktat handle: Wir wollen doch wissen, was der Schüler tatsächlich und immer weiß, nicht, was er gerade mal gelernt und vielleicht morgen schon wieder vergessen hat." ...

So die Meinung, so das Tun.

(In Dänemark schreibt man meines Wissens überhaupt keine Diktate.)

Doch bleiben wir beim Deutschunterricht; hinterfragen wir die Zensierung von Aufsätzen.

Worum handelt es sich bei einem Schulaufsatz?

In den unteren Klassenstufen um Formen wie Beschreibung, Bericht, Erzählung. In den oberen Klassen überwiegen Erörterungen zu den unterschiedlichsten Sachverhalten, Themen, Aussagen und dergleichen.

Was der Unterricht vorgibt und schult, sind die Kriterien der Form. Davon erfahren die Schüler, dazu üben sie auch. Ein Bericht muss sachlich bleiben, darf nicht in die Erzählung abgleiten u.s.w.

Was wird zensiert?

Die inhaltliche, die sprachliche Leistung sowie die Einhaltung der formalen Prinzipien.

Bei den unteren Klassen lässt sich das noch einigermaßen gültig handhaben. Spätestens allerdings, wenn es um Erörterungen geht, ist die sprachliche Leistung von der inhaltlichen, der gedanklichen nicht mehr zu trennen. Der Unterricht mag Vorleistungen in der Handhabung, der Führung einer Erörterung erbracht haben, für das gedankliche Niveau kann und darf er nicht verantwortlich zeichnen. Da haben wir es wieder mit den vermaledeiten Veranlagungen zu tun, und die sind, was die Art und Struktur und das Niveau des Denkens betrifft, nicht weniger unterschiedlich, als die zum Sport oder zum Singen u.s.w.

Schließlich weiß man seit längerem, dass es grundsätzlich verschiedene Arten des Denkens gibt: bildhaftes, musikalisches, begriffliches, mathematisches. Und treten diese Varianten auch nicht absolut rein, sondern normalerweise mehr oder weniger gemischt auf, so überwiegt doch beim einzelnen eine meist deutlich, ist ausgeprägter als die anderen, was bedeutet, dass eben jeweils für diese anderen Arten geringere Voraussetzungen gegeben sind. Mathematisch Begabte denken anders als begrifflich Determinierte. Und vom Niveau ist dabei noch gar nicht die Rede.

Wer die Erörterungen einer Klasse zu einem gegebenen Thema korrigiert, begegnet einem ganzen Kompendium des unterschiedlichsten geistigen Vermögens, und es tut geradezu weh, die Grenzen der einzelnen Schüler so unmittelbar und deutlich vor Augen geführt zu bekommen. Mitunter ist es auch peinlich – peinlich wie jemanden zu hören, der öffentlich singt, ohne dass er es kann. Ja, auch bei solchen Aufsätzen handelt es sich um eine Art von Entblößung, und nur gut, dass die meisten Schüler darum nicht wissen.

Und was zensiere ich nun, nachdem ich einen solchen Aufsatz korrigiert habe?

Bei einer Erörterung ist es wie bei einer musikalischen Form, beispielsweise einer Sonate. Die Form selbst bedeutet den Inhalt. Ich kann hundert mal gesagt bekommen, wie eine Sonate gebaut ist und wird, deshalb kann ich noch lange keine komponieren, oder wenn, dann eben in dem kläglichen Grade, den meine musikalische Veranlagung zulässt. Wer darf mich hierin zensieren? Und das auch noch in einem Rechtsstaat! Ist meine Würde angetastet oder gar verletzt, wenn ich mich nach meinen Voraussetzungen katalogisieren lassen muss, oder ist sie das nicht? Das ist ja wohl die Frage.

Dabei bin ich in all dem, was ich hier gesagt habe, stets davon ausgegangen, dass die Bewertung absolut objektiv ist. Wo finden wir das aber in der Praxis? Auch bei den Lehrern finden wir die unterschiedlichsten Voraussetzungen und Ansprüche.

Seit einigen Jahren gibt es bei uns zu Lande die Zweit – und Drittkorrektur für Prüfungsaufsätze. Warum wohl?

Die Drittkorrektur für den Fall, dass Erst – und Zweitkorrektur in ihrer Bewertung zu weit auseinander liegen. Damit ist eigentlich alles gesagt. Man will wenigstens bei Prüfungsarbeiten den subjektiven Faktor der Bewertung so weit wie möglich ausschließen. Für den Normalfall kann man das nicht. Der Aufwand wäre irrsinnig.

Als ich noch in der Ausbildung zum Lehrer stand, mussten wir einen Aufsatz über das Für und Wider von Internatserziehung schreiben. Ich erhielt damals eine vier, und die ganze Arbeit zeigte mehr Fragen und Kommentare in Rot als Text in Blau. Es kam zu einer heftigen Auseinandersetzung mit jener Kollegin. Danach blieb es zwar bei der Bewertung dieser Arbeit, für die folgenden erhielt ich dann aber ausnahmslos „sehr gut", und Rot prangte nur noch die Zensur darunter. So ist das mit Aufsätzen und der jeweiligen Persönlichkeit, die dahinter steht.

Zu DDR-Zeiten gab es Zweitkorrekturen für Abschlussarbeiten nicht. Dafür wurden alle Deutschlehrer unmittelbar nach Ende der schriftlichen Prüfung auf das Kreisamt beordert. Dort sollten möglichst übereinstimmende Kriterien für die Bewertung der Aufsätze erarbeitet werden. Die Veranstaltung verlief jedes Jahr gleich: Ungestüme Diskussionen mit – und gegeneinander. Am Ende tat doch jeder nach seiner Sicht, nach seinem Vermögen.

Sagen wir's noch einmal in aller Deutlichkeit: Aufsätze zu zensieren heißt, die Persönlichkeit der Schüler nach Skalen und Schubladen zu bewerten und einzuordnen und das von Leuten, die ihrerseits wieder die unterschiedlichsten geistigen Veranlagungen haben.

Da möchte ich mit dem sächsischen König von einst doch fragen: „Därfn dien das?"

Selbstverständlich. Ich beziehe auch das Fach Mathematik in meine Polemik gegen die Zensierung ein. Oder sagen wir: Ich schließe es nicht aus, denn allem Anschein nach gibt es ja wohl kaum ein Fach, das geeigneter für Zensierung wäre.

Dennoch, der Anschein trügt. Wohl ist die Mathematik selbst eine Angelegenheit der Objektivität und Logik, der absoluten Gesetzlichkeit, so dass man annehmen sollte, dass Aufgabenstellungen daraus klar abrechenbar und bewertbar seien, aber die objektiven Anforderungen in diesem Fach treffen auf äußerst unterschiedliche subjektive Bedingungen.

Ich sagte es ja schon im Zusammenhang mit den künstlerischen Fächern, dass es prinzipiell unterschiedliche Arten des Denkens gibt. Unter ihnen ist das mathematische das am meisten abstrahierende. Schon der erste Schritt in dieser Richtung, der von der Menge zur Zahl, bedeutet für manchen Grundschüler eine enorme Hürde. Nur wer mit Anfangsunterricht vertraut ist, weiß darum. Ich kannte Schüler, die noch im dritten Schuljahr an diesem Problem kauten und scheiterten. Und es handelte sich dabei nicht etwa um Sonderschüler; einige von ihnen lasen und schrieben durchaus gut. Es handelte sich um solche mit mangelndem Vermögen zu mathematischer Abstraktion.

Wenn aber der erste Schritt schon derartige Schwierigkeiten bereitet, wie dann erst die nächsten und jene, die fordern, gar einen ganzen realen Sachverhalt auf eine bloße Formel oder Gleichung zu reduzieren.

Rede mir nicht davon, dass das zu lernen ja gerade Sache des Unterrichts in diesem Fache sei. So viel weiß ich auch, und es ist ja auch richtig. Es geht aber eben vor allem darum, ob er diese Aufgabe auch erfüllt und überhaupt erfüllen kann. Es erfordert sehr viel methodisches Geschick und Einfühlungsvermögen, das die meisten Lehrer gerade dieses Faches nicht gewillt sind aufzubringen. „Wir Mathematiker..." was so viel besagen will wie „Wir, die eigentlich Privilegierten..."

Und genau damit haben wir es wieder! Mathematisches Denken ist noch lange kein Allgemeingut und wird es auch noch lange nicht sein. Es handelt sich tatsächlich um das Privileg einer Minderheit. Darauf nehmen aber weder Lehrplan, noch Lehrer, noch eben Kriterien der Zensierung irgendeine Rücksicht.

Ja, es ist sogar so, dass selbst innerhalb mathematischen Denkens derartige Unterschiede bestehen können, dass die eine Art mit der anderen nichts anzufangen weiß. Benoit Mandelbrot darf man wohl mit Fug und Recht als einen der bedeutendsten Vertreter der modernen Mathematik bezeichnen. Aber auch er berichtet, dass er bei der Aufnahmeprüfung für die französische Ecole Polytechnique unfähig war, die geforderten algebraischen Rechnungen auszuführen. Er musste sich den Sachverhalt erst ins Bildhafte übersetzen – seine Art zu denken.

Er fand einen Ausweg. Viele, die meisten finden ihn nicht. Sie fühlen sich ohnmächtig, erniedrigt. Die Unterrichtsstunden werden peinvoll. Jede angekündigte Leistungskontrolle bedeutet einen potentiellen Misserfolg. Die Abneigung gegen das Fach und seine Lehrer belastet schließlich die gesamte Schulzeit.

Sag nun selbst: Darf man bei solchen Voraussetzungen zensieren? Und wenn, darf man dann einen absolut objektiven Maßstab anlegen? Einen, der an alle die absolut gleichen Anforderungen stellt?

Zu allem Überfluss treten schließlich auch bei der Erstellung von Wertungstabellen und bei der Bewertung selbst bei den Kollegen Fachlehrern ganz unterschiedliche Meinungen und Ansprüche auf.

Was für das Diktat der Wiederholungsfehler, das bedeutet für die Mathematikarbeit der Fehler im Zwischenwert, ein Fehler im Verlauf der Rechnung, infolge dessen der Endwert, das Ergebnis, nicht stimmt, obwohl ansonsten der Ansatz zur Rechnung sowie auch der Verlauf sich als grundsätzlich richtig erweisen. Wieder die offenbar nie endende Kontroverse. Die einen meinen, wenn es darum gehe zu überprüfen, ob ein Schüler das Verfahren der schriftlichen Division beherrscht, so dürfe man, so das Verfahren richtig gehandhabt, auch nur einen Punkt für das falsch errechnete Zwischenergebnis abziehen. Obwohl also das Endergebnis falsch ist, sollte der Schüler beispielsweise vier von fünf zu erreichenden Punkten für die gesamte Aufgabe erhalten

Die anderen plädieren dagegen: In der Mathematik wie in der Realität komme es allein auf das richtige Ergebnis an. Wem nütze in der Praxis ein falsches Resultat, wenn auch der Rechenweg dazu stimme? Kriterium sei allein das Ergebnis. Wenn das nicht stimme, stürze die Brücke ein. Also null Punkte für die gesamte Aufgabe...

Sag nun selbst, wem du hier Recht zusprichst!

Und damit noch lange nicht genug der Probleme. So ein Punktbewertungssystem als Grundlage der Zensierung ist auch nur auf den ersten Blick eine eindeutige Angelegenheit. Der zweite Blick schon – etwa der auf die Relationen zwischen formalen – und Anwendungsaufgaben und deren Punkteinordnung - eröffnet ein neues, weites Feld der Problematik.

Ich erinnere mich noch gut einer Weiterbildungsveranstaltung auf Kreisebene zu diesem Thema. Jeder hatte eine Mathematikarbeit seiner Schule einschließlich der dazu gehörigen Punktwertung und Zensierung mitzubringen.

Ich sage dir: So viele Mathematiklehrer – so viele unterschiedliche Relationen, Wertungsmaßstäbe und vor allem Ansprüche! Auch diese Diskussion – so gut gedacht und durch die vielen Beispiele auch fundiert und konkret – verlief zuletzt wie das Hornberger Schießen. Nichts kam dabei heraus.

So wenig man aber unter Lehrern in der Lage ist, gültige Standarts zu erarbeiten, weil eben das Niveau der einzelnen viel zu unterschiedlich ist, so wenig darf man natürlich dem Schüler zumuten, sich bei derartigen Voraussetzungen einer Bewertung ausgesetzt zu finden.

Sagen wir es noch mal zusammenfassend: Zensierung stammt aus Zeiten, da dem Schüler keinerlei Persönlichkeit zuerkannt wurde; die sind doch aber wohl vorbei, oder etwa nicht?

Eine moderne Pädagogik, die nicht den Unterrichtsstoff, sondern den Schüler im Mittelpunkt ihrer Bestrebungen sieht, seine Persönlichkeit einschließlich seiner Veranlagungen achtet, darf ihn grundsätzlich nicht werten. Das ist mit dem Persönlichkeitsrecht, mit der Unantastbarkeit der Würde unvereinbar.

Aber die Zensierung ist ja nur einer der alten Zöpfe, die es gelte, dieser Schule von heute, der Schule des 21. Jahrhunderts, endlich abzuschnei - den.

Sitzen nicht heutzutage, zur Zeit der von Jahr zu Jahr leistungsstärkeren Computer, zur Zeit des allbeherrschenden Internets, der CD ROM und DVD mit ihren schier unendlichen Speicherkapa- zitäten, zur Zeit eines total ausgebauten Infor- mationssystems, zur Zeit der völligen Umkehr der Autoritäten innerhalb der Familie und somit der Öffentlichkeit, zumindest insoweit es die Schule betrifft, zur Zeit „Ihro Majestät Kind" in achtzig von hundert Fällen die Kinder wie einst in den Schulbänken und die Lehrer wie einst am Pult , an der Tafel, die sie mit Kreide beschreiben wie einst?!

Und lehrt man nicht nur in achtzig von hundert Fällen wie eh, ist es nicht zumeist auch der Kenntnisstand vornehmlich des 19. Jahrhunderts, den man da vermittelt?!

Da gibt es wie einst, da man es noch nicht besser wusste, das Fach Chemie getrennt von dem der Physik. Ein Chemielehrer ist keiner für Physik – Gott bewahre!

Und die Biologie erst! Wo ist denn in der mo- dernen Biologie eine Grenze zu ziehen zwischen biologischen und chemischen und auch physika- lischen Prozessen? Aber im Fach Biologie lehrt man nach wie vor Biologie und im Fach Physik natürlich Physik. Was denn sonst? Was versteht auch so ein Biologielehrer von Physik?

Dabei weiß inzwischen jeder halbwegs gebildete Mitteleuropäer, dass biologische Prozesse eigent- lich chemische sind und chemische im Grunde physikalische. Der es nicht weiß, müsste mit Scheuklappen durch diese Gegenwart gehen oder aber nur Bildzeitung „lesen".

Inwieweit gilt eigentlich der Darwinismus des 19. Jahrhunderts noch? Inwieweit ist er inzwischen überwunden? Und wie also lehrt man ihn heute in der Schule?

Sondiere die Lehrpläne dieser Schule von heute: Grundlagenwissen aus der Zeit des absoluten um nicht zu sagen finstersten Reduktionismus.

Und da wundert sich die Öffentlichkeit, ja die Schule selbst über die Resultate der Pisastudie.

Dabei ging es ja in erster Linie nur um Lesen und Sinnerfassung . Wehe uns, wenn es erst mal um naturwissenschaftliches Denken gehen sollte!! – Aber dafür haben wir ja schließlich die Experten aus den Entwicklungsländern. Die werden unsere Defizite schon ausgleichen!

Du willst mich an dieser Stelle an den Projektunterricht erinnern.

Ei ja, ihn gibt es an unseren Schulen; ich weiß es. Aber leider weiß ich auch, wie er in den meisten Fällen betrieben wird, nämlich nicht als generelle Unterrichtsform, sondern lediglich ein -, zweimal pro Jahr als sogenannte Projekttage. Solche Tage – du kannst es mir glauben – sind jedenfalls nicht mehr als eine Art Tapete, mit der man die eigentlich herrschende Unterrichtsform der reinen Vermittlung verbrämt und bemäntelt – nach außen wie vor sich selbst. „Wir haben wieder einmal Projekttage – wie tragen wir doch den Fortschritt weit sichtbar auf unserer Fahne!"

Es hat wohl neben den Forderungen nach Projektunterricht seitens der Behörden auch hie und da mal Vorstöße in Richtung eines fachübergreifenden, quasi gesamtnaturwissenschaftlichen Unterrichts gegeben – in Baden-Württemberg, so viel ich weiß – aber diese Bestrebungen scheiterten bisher. Sie scheiterten vor allem an der Lobby der Fachkollegen. Für einen ausgebildeten Biologielehrer ist natürlich unzumutbar, auf so etwas wie Biochemie oder gar Biophysik umzusteigen. Und die Lobby ist stark, und sie weiß den Beamtenbund hinter sich. Und so kann selbst ein Ministerium nur wenig oder gar nichts , und es geht also weiter im Trott des Herkömmlichen. Die meisten kochen noch immer dieselbe Brühe, die sie vor zwanzig, dreißig Jahren während ihres Studiums einmal angesetzt hatten; und das zu einer Zeit, da sich das Wissen der Welt aller paar Jahre verdoppelt und bei uneingeschränkter Gültigkeit der Tatsache, dass nur ein fortwährend Lernender wirklich Lehrer sein kann.

Dabei haben die ostdeutschen Kollegen nach der Wende den überzeugenden Nachweis dafür erbracht, in welchem Grade auch Lehrer flexibel und belastbar sein können, wenn sie es denn müssen, wenn es um die nackte Existenz geht.

„Lerne um! Lerne Englisch und lehre es statt Russisch, wenn du im Geschäft bleiben willst! Ansonsten bist du weg vom Fenster."

Alle haben sich damals binnen kürzester Zeit zumindest auf völlig neue Pläne und Bildungsinhalte und auch Lehrmittel umstellen müssen . Und sie lehnten sich nicht auf, als es bald auch um drastische Einschnitte bei Arbeitszeit und Verdienst ging.

Aber freilich, sie waren ja auch keine Beamten. Und da haben wir den nächsten der alten Zöpfe dieses gegenwärtigen deutschen Bildungssystems:

Das Beamtentum.

Als ginge es beim Lehren in der Schule tatsächlich um die Wahrnehmung einer hoheitsrechtlichen Aufgabe! Da lachen ja die Hühner! Und dass sie zu Recht lachen, beweisen wieder die ostdeutschen Kollegen. Die meisten von ihnen waren nie Beamte, sind es gegenwärtig nicht und haben keine Chance, je einer zu werden.

Wieso aber? Ganz einfach: Weil das Lehren an der Schule eben keine hoheitsrechtliche Aufgabe darstellt. Mit der Tatsache der Nichtverbeamtung eines bedeutenden Teils der Lehrerschaft geben die Behörden das eindeutig zu. Die Konsequenz daraus fordert: Entweder alle oder keiner. Wenn die Frage allerdings so steht, dann plädiere ich für keiner.

Du täuschst dich nicht. Ich habe immer mal wieder Probleme mit der Rechtsstaatlichkeit. Nicht im Prinzip! Die grundsätzliche Achtung vor der Persönlichkeit jedes Menschen zu postulieren, die Menschenwürde für unantastbar zu halten, die Wahrung des Persönlichkeitsrechts zu einem Grundrecht zu erheben, das ist in der Tat eine historische Errungenschaft. Dagegen kann man gar nichts haben.

Die Schwierigkeiten gibt es immer wieder mit dem Detail. Dort steckt bekanntlich der Teufel. Von den Ungereimtheiten der Ungleichbehandlung Krimineller einerseits und deren Opfern andererseits will ich hier gar nicht erst reden. Die sind meist dadurch begründet, dass eben der Kriminelle nach der Tat genau jenen Behöreden ausgeliefert ist, die für die Einhaltung des Rechtsprinzips verantwortlich sind. Dass man es da mehr als genau nimmt, ist nur normal. Dass dabei freilich der Eindruck entsteht, dem Verbrecher würde mehr Recht als dem Opfer, ist nicht weniger normal.

Bleiben wir also bei unserem Thema:

Ich behaupte, dass die Rechtsstaatlichkeit in unserem Lande zwar grundsätzlich proklamiert, doch in vielen Bereichen mit Herkömmlichkeiten unterwandert ist – und das jeweils so lange, bis das einem auffällt und als unvereinbar mit dem Prinzip deutlich wird, so dass er klagt. Erst durch den Prozess wird dann offenbar, was jahraus, jahrein ungesetzlich usus war, als Recht galt. Und ich behaupte, dass die Schule einen solchen Bereich bildet.

Da ist möglich, dass die Tätigkeit des Lehrers unter dem Dach einunddesselben Grundgesetzes hier eine hoheitsrechtliche und da keine solche darstellt. Wann kommt jener, der den Prozess dazu erzwingt?

Da gibt es ganz dicke Kataloge für rechtssichere Formulierungen. Es gibt sie für Schulleiter zur Beurteilung ihrer Kollegen. Es gibt sie speziell für Klassenleiter zur Schülerbeurteilung auf Zeugnissen.

Weder die ostdeutschen „Rektoren" noch die Klassenleiter haben anfangs kapiert, worum es überhaupt geht. Wir haben die zumeist weitschweifigen, unkonkreten, eben viel zu allgemeinen und deshalb für den Einzelfall nicht genau treffenden Formulierungen belächelt und den ganzen Aufwand dafür als völlig überflüssig abgetan, bis ..., ja, bis wir in die Fallen der Rechtsstaatlichkeit getappt waren und wir uns einem Elternpaar gegenüber fanden, das mit dem Rechtsanwalt drohte.

Fazit: Wir haben kapiert, dass man nur Formulierungen verwenden darf, die den Schüler nicht werten, also seine Würde nicht antasten oder in Frage stellen, und dass es daher am besten ist, sich abzusichern und von vornherein auf solche zurückzugreifen, die vor dem Kadi bestehen können, auch wenn man dabei als Lehrer das ungute Gefühl nicht los wird, unaufrichtig, nicht genau, nicht eigentlich zutreffend formuliert zu haben, dem Schüler also, im Bestreben, ihm rechtssicher zu begegnen, eigentlich Unrecht tut.

Auf diese Weise hat sich bei Beurteilungen ganz allgemein eine Sprache verdeckter Formulierungen herausgebildet, die natürlich nur unter Insidern verstanden wird. Beispielsweise bedeutet zu sagen, dass der zu Beurteilende „jederzeit bemüht war, ..." letztlich eine negative Bewertung im Sinne von „ taugt nicht viel" oder „bringt nichts zustande".

Indem aber rechtssichere Formulierungen derart gehandhabt werden, ist die ganze gepriesene Rechtlichkeit längst schon wieder unterwandert. Es wird also doch abgestempelt, nur eben verdeckt.

Nichtsdestotrotz, es darf keine direkt wertenden Formulierungen geben. Die proklamierte Rechtsstaatlichkeit lässt sie nicht zu. Aus eben dem Grunde darf selbst einer, der einen Mord gestanden hat, nicht als Mörder bezeichnet werden, solange er nicht rechtskräftig verurteilt ist . Was dem Mörder aber recht, kann jedem anderen nur billig sein.

Nun aber das Absurdum:

Wir haben relativ ausführlich über Zensuren geredet, und ich glaube, es ist deutlich geworden, dass es sich dabei im Grunde um Wertungen der Schülerpersönlichkeit handelt, die dem Prinzip der Rechtsstaatlichkeit in nicht geringerem Maße widerspricht, als das eine wertende Beurteilung tut. Für die buchstäblichen Wertungen zieht man behördlicherseits die entsprechenden Konsequenzen, für die durch katalogisierende Ziffern nicht. Im Gegenteil: Man versucht, das Ungerechte rechtssicher zu machen. Man versucht, der Zensur den Anschein unbedingter Objektivität zu geben und erlässt dazu eine Verordnung nach der anderen, die den kleinen Lehrer von Mal zu Mal enger gängeln nach dem Motto: Rechtssicher ist die Vorschrift. Hältst du sie ein, Kollege, dann bist du im Recht und stehst unter unserem Schutz. Machst du freilich Fehler, gibt's Unterlassungen oder Abweichungen vom gestrengen, vorgegebenen Pfad – in Richtung pädagogischer Zensierung etwa, dann tut es uns leid, dann musst du die Konsequenzen selbst tragen. So absurd wurde die Gängelung, dass das sächsische Ministerium sogar glaubte vorschreiben zu müssen, Zensuren für schriftliche Arbeiten grundsätzlich doppelt zu zählen. Nach ein paar Monaten wurde rückverordnet. Da ist also heute Recht, was schon morgen keines mehr ist. Und der Lehrer kann und darf nicht anders: Er muss, auch gegen seine Einsicht und gegen sein besseres Wissen und Gewissen jede dieser Verkrampfungen mitmachen, sonst ist er nicht rechtssicher. Der Staat, in dessen Auftrag der Lehrer das Prinzip der Rechtsstaatlichkeit permanent verletzt, indem er zur Zensierung verpflichtet ist, richtet dann den Vorwurf der Verletzung der Rechtsstaatlichkeit in einundderselben Sache gegen ihn. Wenn das kein Paradoxum ist?!

Eine wirklich engagierte junge Lehrerin verabschiedete sich kürzlich von uns mit den Worten: „Auf mich wartet noch ein ganzer Stapel Prüfungsarbeiten. Ach, es ist ja so sinnlos; ich zensiere ja eh nur für den Rechtsanwalt." Sie muss das Rechtsprinzip in einer Sache wahren, die selbst ungerechtfertigt ist. Daher all die Schwierigkeiten. In solchem Widersinn kann man sich völlig aufreiben; daran kann man zerbrechen – und zwar in jedem Fall: ob man die Sache lax oder ernst nimmt.

Seit der „Erneuerung" des Sächsischen Schulwesens in den neunziger Jahren gibt es die Bildungsempfehlung – für jene Schüler, die das Gymnasium wie für jene, die die Mittelschule besuchen wollen bzw. müssen. Ein Zensurendurchschnitt in den beiden Hauptfächern Deutsch und Mathematik wird zum entscheidenden Kriterium für den Zugang zur weiterführenden Bildungsform. Schulungen der Schulleiter seitens der Schulämter zu den einzuhaltenden formalen Schritten zur Erstellung dieser Empfehlung, Schulungen der betreffenden Klassenleiter über Vorgehensweise, über Formalitäten, Termine durch wiederum den Schulleiter. Das Ganze soll möglichst schon im dritten Schuljahr beginnen, denn schon nach der ersten Hälfte des vierten Schuljahres muss die Bildungsempfehlung vorliegen. Dringendste Bedingung: Über die Empfehlung für Gymnasium oder Mittelschule sollten sich die Klassenleiter unbedingt in Übereinstimmung mit den Eltern des jeweiligen Schülers befinden, denn wenn nicht, dann müsste der Schüler eine Aufnahmeprüfung für das Gymnasium in den Fächern Deutsch und Mathematik machen. Die Termine dazu laut Verordnung vom ..., die Art der Durchführung laut Verordnung vom ..., die Bewertung laut Verordnung vom ... u.s.w., u.s.f.

Ein riesiger Arbeits – und Organisationsaufwand. Ganze Amtsblätter allein zu diesem Thema. Und weil sich immer mal auch was ändert (man gewinnt schließlich Einsichten und Erfahrungen, auch auf Ministerebene!) neue Amtsblätter mit neuen Verfügungen (zur Abwechslung ist heute mal Recht, was gestern Unrecht war!).

Nichts etwa dagegen, dass Lehrer ihrer Verantwortung für die ihnen anvertrauten Schüler auch dahingehend gerecht werden, dass sie sich um deren Fortbildung Gedanken machen. Und nichts ist in diesem Falle auch selbstverständlicher, als dass man das in Zusammenarbeit mit den Eltern tut. Dafür ist doch Schule grundsätzlich da. Wozu der ganze Wust von Paragraphen und Vorschriften und Anweisungen und Detaillierungen. Da macht sich eine Behörde offenbar unentbehrlich, Rechtsgrundlagen zu erstellen. Aber wofür? Die Verfassung sagt doch eindeutig, dass jeder das uneingeschränkte Recht auf Bildung habe. Wer wagt da überhaupt, irgendwelche Klauseln und Hürden, Durchschnitte und Prüfungen zu erfinden und dem Schüler in den Weg zu stellen? Staatliche Behörden unterwandern das eigene Grundgesetz!

Du täuschst dich nicht: Ich habe so meine Schwierigkeiten mit der Rechtstaatlichkeit, aber, wie du mir zugeben wirst, weniger mit dem Recht, als mit der Staatlichkeit.

Es ist eine ganz einfache Logik: Lehrergehälter werden von Steuern bezahlt. Der Staat ist der Eintreiber und erster Verwalter von Steuern – also sind die Lehrer seine Angestellten. Er hat mithin Verfügungsrecht und – gewalt über sie und alles , was sie zu tun und zu lassen haben. Ja, so einfach ist das. Und es scheint so plausibel, dass die Lehrer selbst es so in Ordnung finden. Ei ja doch: „Wes Brot ich ess , des Lied ich sing." Wer kennte diesen Spruch nicht?

Aber wahrlich, ich sage dir, und ich sagte es schon im Zusammenhang mit der sozialistischen Planwirtschaft: Verfügungsgewalt führt zu Bevormundung, und Bevormundung führt letztlich zu Verkrustung und Starre. Bevormundungen machen unmündig. Ja, sie setzten den Bevormundeten im wahrsten Sinne des Wortes in den Status der Unmündigkeit. Wo aber wüchse aus solchem Boden Innovation? Wie Kreativität?

Ohne dies aber gibt es keine lebendige Schule.

Jede Anweisung, jede Vorschrift, jeder Paragraph, jede Verfügung hat die Wirksamkeit eines Kristallisationskerns in freier Atmosphäre. Das frei Bewegliche gerinnt zu Strukturen. Das Ursprüngliche kann nicht mehr nach eigenem Ermessen, auch nicht nach den Erfordernissen der Situation, es muss nach der Struktur der Vorschrift. Je mehr Vorschrift, desto enger das strukturierende Netz, desto weniger lebendig situative Reaktionen. Das bedeutet letztlich Starre und Stillstand.

Ja, hörte ich kürzlich, es fehle eben die grundsätzliche Möglichkeit der Rückkopplung.

Aber Rückkopplung gibt es durchaus. Es ist durchaus so, dass eine Vorschrift auf die Behörde zurückwirkt, im Normalfall aber leider nur in einer

Richtung, die die Lückenhaftigkeit der Vorschrift aufzeigt und also die Detailierung und Verengung der Verordnung nach sich zieht. Das Netzwerk wird so nur immer dichter und freie Beweglichkeit immer mehr erschwert. Eine wirklich lebendige Situation, eine, die aus sich selbst im Widerspiel mit ihrer Umgebung entsteht, gibt es so gar nicht mehr.

In Hinterkuliwumpern ist ein Kind beim Baden ertrunken. Schlimm. Noch schlimmer: Es geschah im Beisein eines Lehrers. Der hat zwar nicht einfach zugeschaut, aber es passierte unter seiner Verantwortlichkeit.

Folge: Nicht, dass man konstatierte, dieser eine Lehrer sei ausnahmsweise seiner Verantwortung für die ihm anvertrauten Kinder nicht voll gerecht geworden, nein, behördlicherseits wird daraufhin jedem Lehrer im Lande von vornherein gleiches Versagen für so einen Fall unterstellt und also verordnet: Beim Baden einer Schulklasse haben stets zwei Lehrer Aufsicht zu führen.

Es geschah in der Folge aber trotzdem – diesmal in Kleckersdorf – dass ein Schulkind ertrank.

Also Verschärfung der Verordnung: Eine der Aufsichtspersonen muss ein ausgewiesener Rettungsschwimmer sein.

Folge: Viele Lehrer ziehen sich zurück. Baden und Schwimmen lernen durch die Schule wird zur Ausnahme.

Ich selbst hatte über eineinhalb Jahrzehnte hinweg alljährlich Ferienschwimmkurse veranstaltet. Hunderte Kinder haben bei mir das Schwimmen erlernt. Nach dieser Verordnung hätte ich den Rettungsschwimmer regelmäßig wiederholen müssen. Das konnte und wollte ich nicht. Die Ferienkurse fielen weg.

Die Statistik machte es bald deutlich: Viel zu wenige Schulkinder konnten nun schwimmen. Aber so bestand ja noch viel eher als vor der Ausgangssituation die Möglichkeit, dass Kinder ertrinken. Was tun?

Die Behörde entschied weise und geradezu revolutionär: Das Schwimmenlernen muss zum Teil des Sportunterrichts werden.

Also: Verordnung über die Bereitstellung von Bädern und Schwimmhallen.

Verordnung über entsprechende Konditionen für den Unterricht, Dinge wie Wassertemperatur, Umkleidemöglichkeiten, Haartrocknung, Badekappen u.s.w. betreffend.

Verordnung zur Organisation: Welche Schule, welche Klasse zu welcher Zeit?

Verordnung über die Verantwortung dafür.

Verordnung über Veränderungen der Stundentafel für die betreffenden Klassen.

Verordnung über die Bedeutung der Schwimmzensur innerhalb der Sportzensur.

Verordnung über die Bereitstellung von Rettungsschwimmern.

Verordnung über die Bereitstellung von Bussen für die Schüler der Landschulen.

Verordnung über die Regelung der Aufsicht während der Fahrt und während des Schwimmens...

Denke ja nicht, dass das hier alles ist! Jedes Vorkommnis wird in einer Zusatzverordnung oder Änderungsverordnung ausgewertet. Lehrer und Schüler bewegen sich nur noch wie an unsichtbaren Halteseilen oder besser Fesseln.

Kinder ertrinken leider immer noch, aber nun sind die Lehrer nicht mehr schuldig eines Todes, sondern allenfalls einer Ordnungswidrigkeit. Dafür findet keine Betreuung von Kindern außerhalb eines Paragraphen mehr statt. Die Schüler von heute fordern vergebens, die Lehrer sollten doch auch nach Unterrichtsschluss für sie ansprechbar sein; die Zeit nach dem Unterricht ist ein rechtsleerer Raum, darin darf sich ein Lehrer heutzutage gar nicht mehr aufhalten.

Der Bildungsplan schreibt dem Lehrer nicht allein bis ins Detail vor, was er zu vermitteln hat, er gibt auch verbindliche Zeiten dafür vor.

Und just, indem ich das hier schreibe, flattert mir ein Beitrag der SZ über die „Pisa-Schule" Adorf auf den Tisch. Die Schulleiterin gibt da einiges zum besten, das in peinlichster Weise bestätigt, wovon ich dir die ganze Zeit rede.

Zuerst einmal bemerkenswert, dass für sie die schlechten Noten für das deutsche Bildungssystem nicht überraschend kommen: „Das war fast zu erwarten." Sie kritisiert die Grundschule, plädiert für die Wiedereinführung der Schulnoten in den Klassen eins und zwei, denn – und jetzt kommt's: ab Klasse fünf „geht es hart durch den Stoff, da kann man keine Rücksicht nehmen."

Selbständiges Arbeiten? Die Reaktion der Schulleiterin trocken: „Versuchen Sie das mal mit 32 Schülern in einem 50 m² großen Raum." Punkt.

Die Zeitung führt dann in indirekter Rede fort: „Viele Kollegen gäben sich trotzdem Mühe, mit differenzierten Methoden auf die Kinder einzugehen. Der Spielraum, den die Lehrpläne für neue Lehrmethoden lassen, sei allerdings sehr gering. Den Lehrern bleibe nichts anders übrig, als den Stoff durchzuziehen. Es bleibe zu wenig Zeit für Wiederholungen, wer nicht mitkommt, hat das

Nachsehen..." (Ich denke übrigens, dass nur eines stimmen kann: Entweder: *viele Kollegen bemühen sich um das Eingehen auf die Kinder*, oder : *wer nicht mitkommt, hat das Nachsehen;* das eine schließt das andere aus.)

Weiter im Bericht: „In der 5a steht Grammatik auf dem Programm. Präsens, Präteritum, Plusquamperfekt, Partizip 2, starke und schwache Verben, Wortstamm und Leitformen – die harte Kost wird frontal an der Schultafel präsentiert ...

C.N. (Abk. der Verfasser) gibt sich die größte Mühe, die Kinder bei der Stange zu halten. Aber kurz vor der erlösenden Pausenklingel schimpft sie, weil der Lärmpegel zu hoch ist. Kein Wunder, der Stoff ist trocken ..."

Aber an die vieldiskutierte Verantwortung der Lehrer für das Bildungsdesaster glaubt die Schulleiterin nicht: „Wir schieben uns nicht den Schwarzen Peter zu."

Sag selbst: Gibt es einen peinlicheren Einblick in die Misere gegenwärtiger Schule bei uns, als ihn diese Aussagen bieten!? Alles, was ich dir bisher kritisch in Betracht zog – hier findest du es bestätigt. Die Rolle der Zensur als moralische Peitsche einschließlich des indirekten Eingeständnisses einer Schulleiterin, sich Schule ohne dies gar nicht vorstellen zu können, einschließlich auch der Tatsache, dass eine Schulleiterin offenbar nicht einmal weiß, warum die Zensuren in den ersten Klassen überhaupt wegfallen. Nahezu ausschließlich einfach vermittelnder Unterricht, in dessen Mittelpunkt erklärtermaßen nicht der Schüler, sondern der Stoff steht („wer nicht mitkommt, hat das Nachsehen"). Absolutes Eingebundensein der Lehrer in ein enggefügtes System von Forderungen und Vorschriften und Zeitvorgaben, die einen Gedanken an Pädagogik nicht einmal mehr beim Schulleiter aufkommen lassen. –

Natürlich liegt die unmittelbare Schuld bei den Lehrern, aber – auch das sagte ich schon – das System lässt ihnen keine andere Wahl; sie müssen schuldig werden, sie sind dazu gezwungen.

Ich sage dir: Wir sind nicht irgendwo auf dem Weg in ein Desaster, wir sind mitten drin. Keine geistige Beweglichkeit mehr, keine Innovation   .

„… arbeiten immer nur nach Schema F" (Schüleräußerung aus benanntem SZ Beitrag). Stillstand.

Ich habe selbst den Eindruck, es wäre an der Zeit, mal was Positives in dieser Sache zu sagen. Aber das eine bedingt das andere. Ohne dass ich dir aufgezeigt habe, für wie unmöglich veraltet und erstarrt ich dieses gegenwärtige Schulsystem halte, wäre ja auch keine Notwendigkeit einer Änderung. Hinweise darauf könnte ich mir dann genauso gut ersparen.

Freilich ist es ein ander Ding, etwas Konstruktives hervorzubringen als einfach in Grund und Boden zu verdammen. Ich will mein Bestes versuchen, und ich hätte das Ganze nicht angefangen, wenn ich nicht auch etwas Gültiges zur Förderung und Lösung zu sagen wüsste.

Also gehen wir's an!

Es ist nicht so, dass es gar keine Bestrebungen und Vorschläge zur Lösung dieses leidigen Schulproblems gebe. Die Pisa-Studie hat aufhorchen lassen und aufgeschreckt. Aber was man liest und hört, sind doch alles nur mehr oder weniger tiefe Kratzer an der Oberfläche. Mehr Geld für die Bildung, bessere Ausstattungen für die Schulen, Entrümpelung der Lehrpläne – was immer man sich darunter auch vorstellen sollte – kleinere oder wenigstens weniger große Klassen, Lehrerstundenreserven, um dem Unterrichtsausfall vorbeugen zu können. Alles gut und schön, aber so packt man das Problem nicht an der Wurzel. So wird der Lehrer nicht flexibel, nicht frei, nicht pädagogisch. So bleibt der am Pult dennoch nichts anderes als „Lehrer", Vermittler. Und solche Maßnahmen kehren das „Verhältnis der Überlegenheit" zwischen Erwachsenen und Kindern von heute nicht um, machen den Lehrer nicht glaubwürdig. Im Prinzip würde sich nichts ändern.

Ich glaube, Wesentliches ändern wir nur, wenn wir den Begriff des Lehrers aufgeben und damit alles belastend Herkömmliche. Der Inhalt, der Charakter jener Tätigkeit, die man herkömmlich mit Lehren bezeichnet, müssen ganz neu definiert werden. Ein anderer Begriff, andere Inhalte müssen her.

Die Schule des bloßen Vermittelns von Unterrichtsstoff muss zu einer solchen des tätigen Erwerbs von Wissen und Erfahrungen werden. Dafür aber taugt kein „Lehrer". Eine Art Mentor, ein lenkender Begleiter im Prozess der tätigen Aneignung von und Auseinandersetzung mit „Stoff" muss es sein.

In den ersten meiner Lehrerjahre schon habe ich es praktiziert. Ich habe methodische Aufgabenreihen entworfen, die den Schüler bei der Bearbeitung von einer Erkenntnis zur nächsten führen, wobei die eine jeweils Voraussetzung für die andere bildet. Bis in die Nächte hinein habe ich an derartigen Entwürfen gesessen. Es war eine völlig andere Art von Unterricht. Ich ging nur durch die Reihen und beobachtete, lenkte hier ein bisschen, half da mal über eine Denkschwelle.

Mein Fehler damals bestand aber wohl darin, dass ich grundsätzlich einzeln arbeiten ließ. Gruppenarbeit, das habe ich später erfahren, ist hierbei in vieler Hinsicht erspießlicher und fördert auch die Kommunikation.

Der Lehrer bzw. Mentor als Organisator und Lenker und Begleiter eines Prozesses selbständigen Wissenserwerbs.

Der Schüler ist nicht Objekt, er ist Subjekt, Handelnder, im Mittelpunkt Stehender. Er ist der eigentliche Gegenstand – nicht der Unterrichtsstoff. Und das ganze pädagogische Geschick eines Mentors wäre nötig, Erfolg zu garantieren. Nicht Zensuren treiben den Schüler, sondern die eigenen Erfolgserlebnisse locken ihn vorwärts.

Der Mentor hat die verdammte Pflicht und Schuldigkeit, dem Lernenden Erfolgserlebnisse zu schaffen. Dafür sollte er in erster Linie bezahlt werden. Dafür sollte er sich in erster Linie bezahlt wissen. Dafür, dass er die ihm anvertrauten Schüler so genau kennen lernt und also kennt, dass er jeden einzelnen gleichsam „bei sich selbst abholen" kann. Er weiß um Intellekt und Stärken und Schwächen jedes einzelnen und variiert also Aufgabenstellungen entsprechend. So fördert er die Begabten wie die weniger Veranlagten. Das geht auf der Basis von Gruppenarbeit in jeder beliebigen Klasse, in jeder Klasse beliebiger Zusammensetzung. Auf die Mischung innerhalb der Arbeitsgruppe kommt es dann an...

Um Gotteswillen, was wollen wir denn eigentlich?! Die Schule soll auf das Leben vorbereiten. Dieses Leben ist aber heutzutage eine Zeit unausgesetzten Lernens. Nicht nur, dass sich das Gesamtwissen der Menschheit aller weniger Jahre verdoppelt und dadurch stets neue Prioritäten gesetzt werden, es geht auch darum, die Heranwachsenden darauf vorzubereiten, dass sie immer wieder neu und weiter zu lernen, sich auf immer neue und erhöhte Anforderungen einzustellen haben. Was sie tatsächlich lernen müssen, ist das Lernen selbst. Art und Weise der Wissensaneignung und der selbständigen Auseinandersetzung mit den Gegebenheiten, Umständen, Herausforderungen.

Und das Leben fordert bedingungslose Akzeptanz von Normen und Gesetzen, die ein gesellschaftliches Leben erst ermöglichen.

Die Schule hat nicht das Recht, dem Kinde Narrenfreiheit zu gewähren. Narren finden sich in der strengen Genormtheit des realen Lebens dann nicht zurecht. Auch wenn man diese Gesellschaft von heute gern Spaßgesellschaft nennt, wenn es um die Einhaltung von Gesetzen geht, ist sie alles andere als das. Die Schule hat darauf vorzubereiten. Einhaltung von Normen und Grenzen muss zu den Grundforderungen der Schule gehören. Ein Unterricht, wie ich ihn proklamiere, ist auch nur möglich bei absoluter gegenseitiger Achtung und Wahrung optimaler Arbeitsbedingungen.

Du meinst, dass es leichter gesagt als getan sei, Erfolgserlebnisse zu schaffen.

Da hast du schon recht. Aber so schwer, wie du dir das als Außenstehender vorstellst, ist es wieder auch nicht. Meine Frau z. B. praktizierte es ein ganzes Berufsleben lang; es gelang ihr immer wieder, selbst in Fällen, die ich längst aufgegeben hätte.

Zuerst ist natürlich nötig, dass der Lehrer entsprechend ausgebildet wird. Pädagogik und Psychologie, aber nicht als Schlösser in die Luft gebaut, sondern in praxisnaher Bezogenheit, bilden die Voraussetzung. Das muss die Lehrerausbildung bringen. Die gegenwärtige Ausbildung der Lehrer ist sowieso ein Ding für sich. Auch sie richtet sich in erster Linie auf die Bewältigung des Stoffes durch die Studenten; die Hauptsache aber, die Kriterien für die Arbeit mit den Kindern unterschiedlichsten Alters, spielt nur eine sehr untergeordnete Rolle.

Auch Methodik, wenn sie denn gelehrt und ihr der Stellenwert zuerkannt wird, den sie tatsächlich hat, wird meist nicht in ihrer eigentlichen Bestimmtheit verstanden. Meist handelt es sich um Tricks und mehr oder weniger stereotype Herangehensweisen, die da vermittelt werden. Methodik aber ist allein aus der inneren Logik der Sache.

Für die Schüler ist jedes neue Sachgebiet einem Garnfitz vergleichbar, einem Knäuel, den es zu entwirren gilt. Die Aufgabe des Mentors hierbei ist, den Stoff derart aufzubereiten, dass er sich gleichsam von selbst entwirrt und erschließt. Es gilt, dafür zu sorgen, dass der Schüler genau an der richtigen Stelle ansetzt. Aber das setzt eben voraus, dass der Mentor den Stoff nicht lediglich beherrscht, sondern seinen innersten Aufbau, seine ihn bestimmende Logik erfasst. Lehrerausbildung hat darin zu schulen.

Schließlich nützen weder Pädagogik noch Psychologie noch ausgefeilteste Methode, wenn der Lehrer seine Schüler nicht liebt und achtet. Lehrer bzw. Mentoren dürfen schon deshalb keine Beamten sein, weil sie dann unterrichten dürfen, selbst wenn sie die Kinder hassen und sie selbst gehasst werden (was stets nur eine Reaktion der Kinder bedeutet, denn die gehen naturgemäß unbelastet in ein Lehrer-Schülerverhältnis).

Ein Lehrer oder Mentor, der die Kinder nicht liebt und achtet, so dass sie es auch spüren, der darf nicht unterrichten. Es muss möglich sein, ihn ohne größere Umstände zu entlassen. Ihn dürfen keine Verträge und Klauseln schützen. Er ist dann nichts anderes als ein Arzt, der seine Patienten zu Tode kuriert oder ein Baumeister, dessen Gebäude einstürzen. Wie diese wirkt er zu allgemeinem Schaden, und das darf nicht sein. Ein Lehrer muss kündbar sein – ohne großes Trara.

Ein Lehrer aber – und ich greife bewusst auf diesen ursprünglichen Begriff zurück – ein Lehrer also, der seine Schüler wirklich achtet und liebt, der weiß sogar ohne viel Pädagogik und Psychologie um sie. Dem liegt das Wohl und Wehe des Kindes am Herzen, der findet Möglichkeiten für Erfolgserlebnisse. Der weiß um die Wirksamkeit der positiven Spirale.

Du hast noch nichts davon gehört? Kannst du auch nicht. Der Begriff stammt von mir, und als ich ihn das erste Mal vor Kollegen gebrauchte, gab es allgemeines Naserümpfen. (Wie kann sich auch ein völlig namenloser Kollege ohne Rang, ohne

Promotion erlauben, einen Begriff zu prägen?!)
Aber jenes Phänomen, das damit bezeichnet wird,
ist ein ganz und gar Allgemeingültiges, wirkt also
nicht lediglich unter Schulverhältnissen.
Wir alle tun gern, was wir bringen, was wir beherrschen. Beherrschen bedeutet ein Obenaufgefühl.
Es gibt uns eine Ahnung von Unbegrenztheit, von
Freiheit.
Deutlicher wird, was ich sagen will, durch die
Vorstellung vom Gegenteil. Was wir nicht bringen,
nicht beherrschen, das bedrückt, belastet. Wir
haben das Gefühl der Kleinheit und Ohnmacht.
Die Sache, die wir nicht bewältigen können,
„wächst uns über den Kopf", wirkt verengend –
alles Negativa, denen wir, wenn wir es denn
können, am liebsten aus dem Wege gehen. Dadurch wird das Ganze aber nur schlimmer. Denn
indem wir die Beschäftigung mit dem, was uns
nicht gelingt, meiden, gelingt natürlich erst recht
nichts. Dieser Ansatz führt in eine Abwärtskurve,
die ich mit „negative Spirale" bezeichne. Unvermögen in einer Sache führt zu Frust, der bewirkt,
dass man sich so wenig wie möglich damit beschäftigt, was wiederum das Unvermögen vertieft
und das wiederum den Frust – eine dauernde
Steigerung ins Negative, falls man der Sache nicht
ganz aus dem Wege gehen kann. Und Schüler
können das nun einmal grundsätzlich nicht.
Andersherum: Empfindet einer das befreiende
Gefühl des Beherrschens, dann sucht er es immer
wieder. Es ist wie ein Lebenselixier. Es ist nicht
etwa so, dass einer, der gut Tischtennis spielt,
deshalb weniger spielte und trainierte. Theoretisch
wäre doch denkbar, dass er sich sagte: Das kann
ich , nun widme ich mich etwas anderem. Aber so

ist es eben ganz und gar nicht. Er kann gut spielen, also spielt er immer wieder. Weil er das aber tut, kann er immer besser, was wiederum sein Gefühl des Befreitseins, der Überlegenheit, des Obsiegens, des Beherrschens steigert, weshalb er ... u.s.w. u.s.f. – eine Spirale, die auf immer neuer Ebene ins Positive fortführt.

Ich sagte, der Lehrer habe die verdammte Pflicht und Schuldigkeit, dem Schüler Erfolgserlebnisse zu schaffen, zu organisieren. Sie bilden den Anfang, den Einstieg in die Spirale zum Positiven. Es handelt sich zweifellos um eine Kunst, aber sie ist erlernbar. Und sie wirkt Wunder; wir selbst haben das vielfach bewiesen.

Ich sprach davon, dass der Lehrer das Kind „bei sich selbst abholen" müsse. Das heißt nichts anderes, als dass er von dem jeweiligen Kenntnis – und Entwicklungsstand des einzelnen Schülers auszugehen hat, um ihm von dessen Stufe aus den ersten Schritt, den Einstieg in jene Spirale zum Positiven zu ermöglichen.

Aber genau das ist es, was die gegenwärtige Schule nicht nur nicht tut, sondern auch gar nicht tun kann, selbst wenn sie es wollte. Ihr geht es um Stoffvermittlung und Zensuren „und wer nicht mitkommt, hat das Nachsehen".

Was aber bedeutet schließlich dieses „Nachsehen"? Der Schüler gerät über kurz oder lang in den Sog der negativen Spirale. Meist ist es ja nicht so, dass lediglich eine Wissenslücke entsteht. Oft – nämlich bei allem Voraussetzungswissen wie in Mathematik oder in naturwissenschaftlichen Fächern – handelt es sich bei der entstanden Wissenslücke um eine fehlende Voraussetzung für das Verständnis des weiteren „Stoffes". Die Schüler geraten in einen heillosen Abwärtstrend, den sie ohne Hilfe gar nicht stoppen können. Und das ginge ja alles noch an, wären mit einem solchen Trend nicht so viele negative Gefühle, nicht so viel Abneigung und Frust verbunden, die letztlich den gesamten Schulalltag belasten und vergiften – zumindest für die Tage mit den „gewissen Fächern". Aber die Lehrer dieser Schule von heute fühlen sich natürlich nicht schuldig. Sie „schieben sich den Schwarzen Peter nicht zu". Sie tun schließlich mit größtem Aufwand, wie ihnen geheißen. - Ach, geh mir doch!!

Das siehst du gewiss richtig. Diese Schule entzieht den Heranwachsenden prinzipiell das, was sie am nötigsten brauchen: Zuwendung, Aufmerksamkeit, Achtung, Liebe.

Die Schüler erfahren sich nicht als Subjekt, als das, worum es eigentlich geht, als den Gegenstand aller Bemühungen seitens der Schule. Sie müssen täglich neu die bittere Erfahrung machen, dass es um sie eben nicht geht, sondern um ein Stoffpensum, um die Einhaltung eines Zeitplans, um die Erfüllung von Vorschriften. Sie müssen sich als Objekte fühlen, an denen sich derartige formale Bemühungen immer wieder reiben, gar brechen. Weniger Begabte, auch sozial Belastete wirken als Hemmnis dabei. Sie bedeuten einen Störfaktor, und sie selbst empfinden es auch so.

Stell dir doch mal so einen Schüler vor, wie er sich aus der Grundschule mit mangelhaften Leistungen in jenen Fächern, die die Voraussetzung für alles weitere bedeuten – Lesen, Schreiben, Rechnen - wie der sich in die höheren Klassen entlassen findet! Stell ihn dir in den Klassen 7, 8, 9 vor! Es geht um physikalische Zusammenhänge, aber er beherrscht nicht einmal die Grundrechenarten . Es geht um Chemie, um Gesetze der Bindung und Lösung von Elementen, aber er kann nicht sinnerfassend lesen. - „Wer nicht mitkommt, hat das Nachsehen." In welch heillosen Abwärtsstrudel ist er da geraten! Wie ausweglos seine Situation! Welche stets neue negative Belastung! Welche stets erneute Bestätigung in Abneigung, in Hass bis zur Aggression gegen Schule, Lehrer, Eltern, Erwachsene schlechthin!

Dabei verkörpern auch solche Jugendliche trotz allen „Nachsehens" das Grundgefühl der Überlegenheit gegenüber der Erwachsenenwelt, von der ich eingangs sprach. So wächst es sich also bis zur Verachtung aus.

Und auch sie haben das überhöhte Anspruchsniveau, was die modernen Hochkulturen charakterisiert. Sie beanspruchen ihren Anteil. Auch sie wollen Selbstverwirklichung. Auch sie wollen das befreiende Gefühl des Beherrschens, des Obsiegens, des Sich-Entfaltens. Und sie fühlen sich um all das betrogen. Und sie fühlen es richtig. Sie werden darum betrogen.

Wir fragen uns, wir sind entsetzt: Wie ist es möglich, dass Jugendliche einen alten Obdachlosen erbarmungslos treten und schlagen und nicht ablassen, bis sie ihn auf diese Art und Weise umgebracht haben?

Anders betrachtet: Welch ein Übermaß an Enttäuschung, welch ein abgrundtiefer Hass, welch ein negativer Stau bricht da alle Dämme? Welch ein Defizit an Gefühlen des Könnens, des Gelingens, des Befreitseins, des Obsiegens, wenn sie nirgendwo zu erleben sind, als beim Schlagen und Treten (und natürlich gegen einen Wehrlosen, sonst wäre ja ein Obsiegen von vornherein wieder in Frage gestellt).

Selbstverständlich gehören solche Jugendliche vor den Richter und hinter Gitter. Aber ebenso gehört eine Gesellschaft an den Pranger, der es allein um Profit, um Geld, um Rentabilität, um Rationalität geht, und die den Menschen dabei auf der Strecke lässt. Und eine Schule gehört angeprangert, der es in erster Linie um Stoffvermittlung geht – in letzter Konsequenz sogar in Gegnerschaft zum Schüler. „Friss, Vogel, oder stirb!"

Ich hatte eigentlich nicht die Absicht, noch einmal in dieselbe Kerbe zu hauen. Aber mir bleibt gar keine andere Wahl. Heute erschien wieder ein Artikel in der Sächsischen Zeitung; da äußern sich nun „Experten" zur Pisastudie. Und wenn Experten reden, da darf man doch nicht etwa nicht hinhören. Es hieße ja, sie zu beleidigen, wenn man sie überginge.

Da gibt es also einen Volksantrag für ein neues Schulgesetz in diesem Lande. Der Gesetzentwurf der Bürgerinitiative richtet sich gegen Schulschließungen, er will jahrgangsübergreifenden Unterricht (sicher , um Schulschließungen zu vermeiden) und fordert eine Obergrenze von 25 Schülern pro Klasse.

So weit , so gut. Ich will hier davon absehen, dass auch diese Initiative wiederum nur an der Oberfläche kratzt; immerhin würden aber einige Schulen bestehen blieben können, und es gäbe vielleicht wirklich kleinere Klassen, was durchaus wichtig ist.

Nun aber Zitat: „O. K. vom Max-Planck-Institut für Bildungsforschung (merkst du auch richtig auf; du hörst hier einen leibhaften Experten!) sagte, aus wissenschaftlicher Sicht könnten große Schulen ebenso erfolgreich sein wie kleine. Auch die Ausstattung der Schule und die Anzahl der Schüler pro Klasse hätten – von den sprachlichen Leistungen abgesehen – keine Folgen für das Leistungsniveau. Lehrer wendeten in der Regel die gleichen pädagogischen Methoden an, egal, ob 20 oder 30 Schüler zuhören." –

Ja, du hast dich nicht verhört: Es handelt sich in Anwendung der üblichen und vom Experten bestätigten und offensichtlich für gut und richtig be-

fundenen Methode um ein Vortragen, dem die Schüler zuhören, und da ist freilich egal, wie viele da sitzen, wenn man sich weiter um sie nicht kümmern muss ... Billigster vermittelnder Unterricht! Was für eine Aussage! Die macht tatsächlich der Wissenschaft für Bildungsforschung alle Ehre!
Aber es kommt ja noch besser: Ich zitiere wieder die Zeitung:
Um jahrgangsübergreifenden Unterricht zu bewältigen, wären Pädagogen nötig, die gleichzeitig schwache Erstklässler genauso gut bedienen wie gute Zweitklässler. - K: „Und da sehe ich die Schwierigkeiten. Die Lehreraus-und-fortbildung ist auf eine einheitliche Schülerschaft ausgerichtet", kritisierte er. Zitatende.
Da haben wir's, das Grundübel: Es wird einfach eine einheitliche Schülerschaft vorausgesetzt Und der das tut , ist ein Experte in Sachen Bildung. Als wüsste es nicht jeder Grundschullehrer aus Erfahrung, dass es einheitliche Schülerschaft, die ja wohl gleichzusetzen wäre mit einheitlichem Ausgangsniveau der Schüler, die da in einer Klasse sitzen , nie gibt und nie geben wird, dass man sich also auch innerhalb des jahrgangsüblichen Unterrichts nicht einfach dozierend vor die Klasse stellen kann, dass man also , bitteschön, schwache Erstklässler schon immer genauso gut *bedienen* muss wie gute Erstklässler. Gerade weil das Voraussetzungsniveau in den ersten Klassen so unterschiedlich ist, unterschiedlicher noch als in höheren Klassen, weil in den ersten zu den Unterschieden in Begabung und Denkweise noch die einer sehr ungleichen Entwicklung kommen, hat man ja, wenn auch schweren Herzens, auf Zensierung in diesen Klassenstufen verzichtet. Oder

weiß man vielleicht gar nicht mehr, warum eigentlich? (Jene Schulleiterin der angeführten „Pisa-Schule" zumindest kannte diese Gründe offenbar nicht, sonst hätte sie nicht so leichtfertig die Wiedereinführung der Zensierung dort gefordert!).

Nur von der GEW-Chefin kommen ein paar Ansichten, die in Richtung Kern der ganzen Problematik gehen. Zeitungszitat: „Viele Lehrer seien inzwischen psychisch ausgebrannt, weil sie ihren pädagogischen Ansprüchen nicht mehr gerecht werden könnten. Schuld seien große Schulen und der hohe Zeitdruck. Bildung dürfe nicht nur unter finanziellen Aspekten gesehen werden".

Wobei ersteres nicht ganz eindeutig formuliert ist. Es bleibt offen, ob die Lehrer ausgebrannt sind, weil sie Skrupel haben, nicht eigentlich pädagogisch zu arbeiten, oder ob sie es sind, weil infolge ihres unpädagogischen Unterrichts , zu dem sie freilich gezwungen sind, die Schüler derart lernunwillig und aufsässig sind, dass die Lehrer deshalb in psychische Not geraten. Den Schülern ist das freilich egal; zu viele sind lernunwillig, sind aufsässig , ja, aggressiv. Und du weißt inzwischen, dass es unter den gegebenen Umständen anders gar nicht sein kann.

Dann also zur Grundschule!

Jene Pisa-Schul-Rektorin, die ich dir jüngst zitierte, findet in ihr die Schuld für das schlechte Abschneiden der deutschen Schule. Dort würde zu spät angefangen mit der eigentlichen Arbeit. Die ersten Jahre würden gleichsam verspielt.

Klingt plausibel, nicht wahr? Aber diese Argumentation ist alles andere als neu . Ich kenne sie schon mein ganzes Berufsleben lang. Immer schon haben sich die Kollegen der Oberstufe darüber beklagt, die Kinder kämen nicht genügend vorbereitet in der Mittelschule an. Es fehle an Selbständigkeit, an Voraussetzungen für den Unterricht in den höheren Klassen.

Aber immer schon fand ich, dass diese Kritik vor allem eine Rechtfertigung bedeutete, Rechtfertigung für eine quasi mittelschulgemäße Art des Unterrichtens, die auf Stoffvermittlung setzt und einer pädagogischen Aufarbeitung des Stoffes möglichst weit aus dem Wege geht mit dem Argument, dafür habe man schließlich keine Zeit. Und so sind denn in den meisten Fällen tatsächlich die Grundschüler nicht genügend auf die nächste Bildungsstufe vorbereitet. Die Oberstufenlehrer, ob von Mittel- oder Realschule oder auch vom Gymnasium fühlen sich im Recht, und vor allem wissen sie sich der Grundschule weit überlegen. Lassen wir das also beiseite!

Eines ist klar: Die Grundschule ist im Gesamtschulsystem von entscheidender Bedeutung. Sie bildet das Fundament, und jeder weiß, dass er kein Gebäude auf bloßen Sand setzen kann. Auch die Alten wussten darüber, wenn sie sagten : „Was Hänschen nicht lernt, lernt Hans nimmermehr." Jedes Lernen hat seine Zeit. Ein Kind zwischen zwei und vier lernt seine Muttersprache innerhalb von zwei Jahren fast nebenbei. Und bietet man ihm eine zweite Sprache in dieser Zeit, dann lernt es die einfach noch dazu - ein Pensum, was wir bei einem Erwachsenen oder auch nur bei einem Schüler höherer Klassen als herausragend bestaunen würden.

Wenn ein Kind bereit ist für Abstraktionen, dann muss man sie fordern und also fördern. Das Gehirn ist entsprechend weit entwickelt. Verpasst man diese Zeit der erhöhten Bereitschaft dazu, unterhält und schürt man das Feuer hier nicht, dann geht es wieder aus.

So ist das mit den Klassenstufen eins und zwei. Dort müssen die Grundlagen für lesendes Sinnerfassen und für die Abstraktion von der Menge zur Zahl und vom realen Sachverhalt zur abstrakten Rechenformel gelegt werden. In späteren Jahren ist es nicht unmöglich, aber eben ungleich schwieriger und langwieriger.

Mit anderen Worten: Die ersten Jahre der Schule sind so wichtig, dass man sie nicht nur nicht verspielen kann und darf, sondern dass man sie im Gegenteil in höchstem Grade nützen muss. Insofern hat jene Rektorin recht.

Worin die Kollegen der oberen Klassen Unrecht haben, sind ihre Schuldzuweisungen an die Grundschule. Unter den gegebenen Umständen verbindlicher Lehr – und Zeitpläne, die auch für die Grundschule gelten, tun die Grundschullehrer viel mehr für die Kinder, widmen sich ihnen zumeist von Herzen, lieben ihre Schüler und werden in einer Vielzahl der Fälle auch von ihren Schülern wieder geliebt.

In einer Anfangsklasse klaffen die Unterschiede

im Ausgangsniveau der Kinder oft derart weit auseinander, dass ein Kind, dass gerade mal die Farben richtig kennt, neben einem sitzt, das schon lesen kann oder sich im Zahlenraum bis hundert auskennt. Da sitzt also ein schwacher Erstklässler tatsächlich und normalerweise neben einem guten Zweitklässler. Es stimmt: Dafür sind Grundschullehrer eigentlich gar nicht ausgebildet, und das wissen sie auch. Darin werden sie auch nicht weitergebildet (wo gibt es denn überhaupt Weiterbildung für Grundschullehrer? Wir leben doch nicht mehr in der DDR.) Aber die Grundschullehrer weichen solchen Umständen nicht einfach aus. Sie stellen sich in der Mehrzahl der Fälle den Herausforderungen, suchen Lösungen, basteln Unterrichtsmittel, Anschauungsmaterial, investieren Zeit, viel Zeit. Sie tun genau das, was die Kollegen der oberen Klassen von vornherein von sich weisen. Und deshalb wende ich mich gegen eine pauschale Schuldzuweisung an die Grundschule. Die Sache ist komplizierter, vielschichtiger.

Der Anfangsunterricht ist zweifellos der schwierigste. Dafür gibt es aber eben gerade für ihn auch die meisten wissenschaftlichen Untersuchungen und Theorien. Es geht dabei um ein grundsätzliches, erkenntnistheoretisches Problem. Es lässt sich normalerweise nicht einfach empirisch lösen. Genau das aber tun die meisten Grundschullehrer. Für sie ist meist alle Theorie grau. Sie verlassen sich auf ihr Gefühl, auf ihren gesunden Menschenverstand, auf ihre Erfahrung, sofern sie die denn haben. Von wissenschaftlichen Theorien über den Anfangsunterricht, ob im Lesen oder im Rechnen, haben die meisten keine

Ahnung, denn zur Ausbildung gehörte das nicht, und Weiterbildung darin gab es so gut wie nicht - für die Ostdeutschen gerade mal zur Wendezeit, wenn sie die Gelegenheit dazu nutzten.

So kommt es, dass trotz aller Bemühungen, trotz aller Zuwendung und Achtung und Liebe seitens der Grundschullehrer für die Kinder entscheidende Lücken bleiben. Die Lehrer lehren das Lesen, und die Kinder können es schließlich auch. Die Lehrer sind sogar stolz auf ihre Erfolge. Aber es entgeht ihnen dabei, dass sie verpasst haben, den Akt des formalen Lesens mit der Aktion des Sinnerfassens zu verbinden und zwar von Anfang an, Erfassen des Sinnes dessen, was da in Worten formuliert steht, ist etwas prinzipiell anderes als das reine Lesen. So kommt es denn, dass Schüler in den Klassen 5 und 6 und auch darüber hinaus Arbeitsanweisungen einfach nicht erfüllen, weil sie deren Sinn nicht erfassen. Sie lesen Wörter und auch Sätze, aber erfassen den Zusammenhang nicht. Dann kritisieren Mittelschullehrer natürlich mit Recht

In Mathematik passiert ähnliches, wenn zu zeitig von der Menge zur Zahl abstrahiert wird. Dann steht für viele Kinder die Zahl nicht für eine Größe oder Menge, sondern ist lediglich ein formales Zeichen. Wenn es dann in Sachverhalten angewendet werden soll, finden die Kinder den Zusammenhang nicht. Dasselbe, wenn abstrahierende Rechenoperationen nicht als solche begriffen werden, wenn also im Multiplizieren die Verkürzung der Addition nicht erkannt wird. Es kann also von außen ganz passabel aussehen, was Kinder der Grundschule leisten, und es können sich trotzdem dahinter enorme Mängel verbergen.

Und dann hat freilich die 68–er Bewegung mit ihren Postulaten nach Narrenfreiheit für das Kind ungeheuren Schaden angerichtet. Noch immer geistert die Vorstellung vom absoluten Gewähren-lassen durch die Familien und die Schulen – nach dem Motto: Wer ein Kind begrenzt, der behindert es in seiner freien Entwicklung, der verbiegt es und macht sich zuletzt schuldig an ihm. In Wahr-heit gilt das genaue Gegenteil: Wer einem Kind auf diese Weise Freiheit gewährt, wer es nie Grenzen spüren lässt, der bereitet es nicht auf das reale Leben mit seinen eindeutigen Forderungen und Begrenzungen vor, macht es geradezu untüchtig und versündigt sich so an ihm.

Wahrlich, für Kuschelecken ist in den Grund-schuljahren weder Platz noch Zeit, noch Berech-tigung. Die Zeit ist einfach zu kostbar, sie ist un-wiederbringlich, sie muss nach allen Regeln der Psychologie, nach allen Künsten der Pädagogik genutzt werden.

Du fragst, was zu tun sei?

Ich glaube, am nötigsten wäre der Grundschule eine deutliche Aufwertung und zwar vor allen – vor den Eltern, vor der Öffentlichkeit, vor den Kollegen der oberen Klassen, vor den Kindern und nicht zuletzt vor sich selbst.

Kein Grundschullehrer ohne Abitur und Hochschulabschluss!

Und ob! Weg von der Vorstellung, man brauche ja als Grundschullehrer nicht mehr zu wissen als das Einmaleins und nicht mehr zu können als Lesen und Schreiben . Es geht um den prinzipiellen Einstieg in die Welt bewussten Lernens. Es geht um die Basis. Es geht um nichts weniger als die Grundeinstellung zum Lernen, zum Arbeiten überhaupt. Wer in diesen ersten Jahren nicht gefordert wurde, der lässt sich später nur schwer zu Arbeitsaufwand und Fleiß bringen. Und umgekehrt: Wer von Anfang an erfahren hat, dass Lernen mit Arbeit, auch mit Anstrengung verbunden ist, der verliert diese Haltung auch später nicht bei einem Oberstufenlehrer, der sich nicht weiter um ihn kümmert.

Das klingt sehr schroff, und ich höre schon wieder die ewigen 68-er: Das heiße ja, die Kinder zu disziplinieren ! Wo bleibe die Freude, die Kindlichkeit? Die Kinder haben ein Recht auf ihre Kindheit, auf Unbeschwertheit u.s.w.

Aber es ist ja nicht so, dass ich etwas dagegen hätte. Im Gegenteil: Ich plädiere ganz ausdrücklich für Kindlichkeit und Freude und Unbeschwertheit. Und gerade deshalb meine ich, dass der Grundschullehrer ein Meister sein muss, ein Experte. Er muss sein Metier nach allen Regeln der Kunst und Wissenschaft erlernt haben und beherrschen. Er muss ausgestattet sein mit allem Wissen von der kindlichen Psyche, von den erkenntnistheoretischen Grundlagen des Erstunterrichts, von den Temperamenten, von der kindlichen Entwicklung.

Es gibt so viele Möglichkeiten der Fehlentwicklung. Wie ein guter Arzt muss der Lehrer die Symptome kennen und erkennen können. Was ist Hyperaktivität? Wie kann sie sich äußern. Wann ist sie krankhaft? Wann genügt es, mit den Eltern im Verein dagegen anzugehen, wann muss ärztliche Hilfe her? Wie viel Belastung und Leid wäre so manchem Kinde erspart geblieben, hätten seine Lehrer die Symptome der LRS, der Lese-Rechtschreib-schwäche rechtzeitig erkannt und entsprechende Maßnahmen ergriffen. So manches Analphabetentum rührt letztlich daher.

Der Grundschullehrer muss die wesentlichsten Theorien über den Erstleseunterricht kennen und handhaben können. Ja, er muss Gelegenheit bekommen, sie zu erproben und zwar unter Aufsicht. Es sind dabei zu schnell entscheidende Fehler gemacht. Er muss lernen, wie man den Kindern bei aller Forderung die Freude und die Unbeschwertheit erhält, wie man Erfolg für das Kind organisiert, wie man Unterschiede in der Entwicklung der Kinder innerhalb einer Klasse behandelt, ja, wie man handhabt, dass jeder „sein Futter bekommt." Es darf nicht Ziel des Unterrichts sein, ein gleiches Niveau für alle zu erreichen – das heiße die einen zu überfordern und die anderen nicht genug zu fördern. Er muss wissen, was es heißt, in der Grundschule das Lernen zu lehren. Das darf um Gotteswillen nicht zu einer Sache der späteren Klassen erklärt werden.

Selbständigkeit im Wissenserwerb, im Erwerb von Fertigkeiten schon in der ersten Klasse!

Nun sag: Ist das nicht Programm genug ? Allein das Studium der Stufen zur Abstraktion inner- halb der Sprache wie beim Umgang mit Mengen und Zahlen mit allen Problemen, die dabei auf- treten, bedeutete einen Kurs über Jahre. Früher, als man noch nicht zwischen der Ausbildung zum Grundschullehrer und der zum Fachlehrer unter- schied, galt die Devise: Die Besten Lehrer zu den Kleinsten. Man wusste es offenbar schon einmal besser.

Zensierung gibt es nicht. Im Verlaufe der Arbeit lenkt der „Lehrer" mit Lob und Tadel. So kann er die lediglich gute Leistung eines sehr gut veran- lagten Schülers unter Umständen tadeln und die schlechte eines schwachen lobend hervorheben, und das dürfte – anders als die sogenannte objek- tive Zensur – nicht im Widerspruch zur Rechtsstaatlichkeit stehen.

Den Lernprozess jedes einzelnen Schülers doku- mentiert der Lehrer in einer Art Tagebuch. Es enthält Eintragungen zum Ausgangsniveau des Kindes und zu jedem weiteren bedeutenden Er- kenntnis – bzw. Entwicklungsschritt. Diese Doku- mentation bildet die rechtliche Grundlage des Jahresabschlussberichts auf dem Zeugnis sowie auch den Arbeitsnachweis des Kollegen vor Eltern oder dem Schulleiter oder auch einer Behörde. Es ist also kein Klassenbuch, kein Nachweis einer Stoffbehandlung zu geforderter Zeit in geforder- tem Umfang durch den Lehrer, sondern ein Arbeits – und Erfolgsnachweis für jeden Schüler, worin sich die Arbeit des Lehrers selbstverständ- lich und sehr konkret widerspiegelt. Der Lehrer hat die Fähigkeit zur Führung einer derartigen Dokumentation während seines Studiums erworben , erprobt und nachgewiesen. Eine solche Dokumentation widerspiegelt also dann auch den Ausbildungsgrad eines Lehrers, seine psychologischen und pädagogischen und auch methodischen Kenntnisse und Fähigkeiten.

Die Hauptunterrichtsform bildet der selbständige Wissenserwerb, das selbständige Üben, möglichst häufig in Gruppe, ein organisiertes Lernen. Es existieren ausgezeichnete Arbeitsmittel hierfür. Leider werden sie in der gegenwärtigen Grundschule viel zu wenig genutzt. Wenn, dann meist nur solche zum formalen Üben.

Ich glaube, es erübrigt sich fast, auf eine begrenzte Schülerzahl pro Klasse noch extra zu verweisen. Aber du sollst mir nicht vorwerfen können, ich hätte es unterlassen. Eine Arbeitsweise, wie ich sie dir bisher umrissen habe, setzt voraus, dass man es nicht mit dreißig Schülern vor sich zu tun hat. Es ist ohnehin eigenartig und höchst bemerkenswert, dass alle bisherigen Forderungen nach Begrenzung der Schülerzahlen pro Klasse keinen Unterschied zwischen Grundschule und den oberen Klassen machen, dass man derartig pauschal fordert. Soll der Grundschullehrer und vor allem der mit dem Anfangsunterricht Betraute wirklich erfolgreich arbeiten können, dürfte die Klasse nicht mehr als zwanzig Schüler umfassen. Die Betreuung ist doch wesentlich individueller als in höheren Klassen. Aber selbst dort dürfte die Obergrenze nicht über 25 liegen. Es soll ja nicht lediglich doziert werden, wie jener Herr K. glaubt, sich das Unterrichten vorstellen zu müssen – aus wissenschaftlicher Sicht, versteht sich.

Es gab mal eine Zeit, da man von jedem Lehrer forderte, dass er ein Instrument spiele. Zumindest für die Grundschule sollte das Voraussetzung für eine abwechslungsreiche und sinnenfrohe Arbeit mit den Kindern sein. Aber über alles, was Musik in der Grundschule anbelangt, hatte ich dir ja schon gesondert geschrieben. Das können wir uns hier sparen.

Na, was meinst du? Ob nach so einer Grundschule noch immer deutsche Kinder und Jugendliche bei einer Pisastudie hintenan stehen?

O ja, die Ereignisse von Erfurt haben diese Gesellschaft bis in die Grundfesten erschüttert. Jeder fragt , wie so etwas überhaupt möglich sei, und wo wohl die Ursachen dafür liegen? Das Fernsehen gerät in den Verdacht. Die Flut von Gewalt, die da allabendlich über die Schirme flimmert, müsse sich ja mal derart auswirken – sagen die einen. Die anderen leugnen: Fernsehen und Wirklichkeit seien völlig unterschiedliche Erlebnisbereiche, die sich gegenseitig nicht derartig beeinflussen.

Wir reden von der Grundschule. Ich habe selbst erlebt, wie Anfang der neunziger Jahre Schüler der ersten und zweiten Klassen Verhaltensweisen zeigten, die ich vorher nie bei Kindern dieses Alters beobachtet hatte. Sie sprangen sich gegenseitig mit gestrecktem Bein gegen den Kopf. Ich hatte alle Mühe, ihnen klar zu machen, wie gefährlich das sei. Die Kinder reagierten ungläubig. Wieso? - Nun, dort, wo sie dergleichen gesehen hatten – im Fernsehen natürlich – machte dieses Springen offenbar durchaus Vergnügen. Und gefährlich konnte es wohl nicht sein, denn immer standen doch die Getroffenen wieder auf und traten ihrerseits. Selbst die Schläge eines Bud Spencer , so gewaltig er auch austeilt, tun offenbar nicht viel. Die Getroffenen taumeln ein wenig, oder rutschen auch in eine Ecke des Zimmers, aber sie stehen ja doch stets wieder da und stellen sich erneut und kriegen erneut eins ab, dass sie gar durch die Fensterscheiben fliegen. Alles Dinge also, die man durchaus nachmachen kann – allzu viel kann dabei nicht passieren.

Kinder belassen es durchaus nicht nur bei Computerspielen. Sie erproben auch in der Wirklichkeit. Sie lassen sich ein Kindergewehr schenken und zielen und schießen damit in der Gegend herum auch auf andere Kinder , auch auf Passanten der Straße. Und gibt das Ding nicht entsprechende Laute, dann gibt sie das Kind von sich.

Selbst scheinbar so harmlose Computerspiele wie Autorennen haben alles andere als keine Auswirkungen. Führt die Fahrt per Computer zu einem Zusammenstoß, dann kracht es deutlich; die beiden Wagen bleiben stehen. Für das Kind bedeutet das Ganze nicht mehr als eine Ungeschicklichkeit, einen negativen Punkt, vielleicht auch verlorenes Spiel, aber mehr doch nicht.

Und genau so gehen die jungen Leute später, wenn sie die Fahrerlaubnis haben, in ihre Überholmanöver. Was kann schon passieren? Ein kleiner Zusammenstoß – na, wenn schon, was soll's?! Dann haben wir eben Pech gehabt und machen es ein nächstes Mal besser. Dass es nach einem Zusammenprall ein nächstes Mal gar nicht geben wird, dass sie auf der Bahre und zu Grabe fortgetragen oder ihr weiteres Leben im Rollstuhl verbringen werden , liegt ihnen nicht nahe, bringen sie mit einem einfachen Crash nicht in Verbindung. Ihre Spielerfahrung sagt ihnen anderes. Da geht es immer wieder neu los – ganz wie nach den Schlägen des Bud Spencer.

Ja, wenn jeder Zusammenstoß im Spiel zur Folge hätte, dass Polizei – und Notwagen heranbrausen und die Verletzten oder zu Tode Gekommenen auflesen und forttransportieren, dann vielleicht würden die jungen Leute später auch anders fahren. Vielleicht – vielleicht auch nicht Der Einfluss des Fernsehens und der Spiele, die Kinder betreiben, ist jedenfalls unleugbar.

Wie kannst du mir vorwerfen, ich ginge nicht ausführlich, nicht tief genug auf das tragische und ja
doch alarmierende Ereignis von Erfurt ein?! Ich
tue die ganze Zeit nichts anderes!
Alles, was ich dir bisher zum Thema Schule geschrieben habe, bedeutet Vorwegnahme und Deu-
tung eines derartigen Vorfalls.
Was glaubst du denn, das ich meine, wenn ich
davon rede, dass die Schule von heute prinzipiell
die des ausgehenden 19. Jahrhunderts ist, dass sie
unserer gesellschaftlichen Entwicklung sowie der
in Wissenschaft und Produktion um ein gutes
Jahrhundert hinterher hinkt?! Was ich meine,
wenn ich von den verschobenen Relationen zwischen den Kindern und Jugendlichen von heute
einerseits und den Erwachsenen andererseits rede? Davon, dass die Erwachsenen dieser Jugend
nicht mehr glaubwürdig sein können, und der
Schule dennoch nichts anderes einfällt als Dozie-
ren , Belehren und Predigen?!
Was glaubst du, das ich meine, wenn ich sage, dass
es in unserer Schule in erster Linie um Stoff und
dessen Vermittlung , nicht aber um den Schüler
gehe?! Wenn ich von angestautem Frust bis zum
Hass gegen die Erwachsenen und die Lehrer speziell spreche? Ich dachte, eigentlich genug zum
Thema gesagt zu haben , und zwar noch bevor das
Kind so spektakulär in den Brunnen gefallen war,
ich muss nun nicht noch einmal alle Grunde auf-
rühren.
Das Ereignis von Erfurt ist die Spitze eines Eis-
bergs, gegen den wir indes wie weiland die Titanic
mit dem Gefühl einer trügerischen Sicherheit einfach weiterfahren.

Ob Mittelschule oder Haupt – oder Realschule oder Gymnasium – für den weiterführenden Unterricht ist mit wenigem umrissen, worauf es bei der Erneuerung ankommt.

Zu allererst: Der Schule muss es um das Kind, um den Jugendlichen gehen, nicht um ein Stoffpensum.

Der Unterricht darf kein vermittelnder sein – es muss um die aktive Aneignung von Wissen gehen.

Der Lehrer tritt dem Schüler nicht gegenüber, sondern zur Seite, er belehrt nicht, er führt. Er ist also weniger ein Lehrer als ein Mentor.

Zu erfahren ist, wie man lernt, wie man Erkenntnisse und Standpunkt und Ansicht gewinnt.

Moral und Ethik sind nicht allein Sache der Religion oder eines Faches Ethik – sie sind Bestandteil der gesamten Bildungs – und Erziehungsarbeit.

Zensierung katalogisiert und diskriminiert die Schülerschaft. Sie ist also mit einer Schule für den Schüler unvereinbar. Sie entspricht auch nicht dem Prinzip der Rechtsstaatlichkeit, das die Achtung und Würde der Persönlichkeit jedes einzelnen postuliert.

Um in der Tat flexibel reagieren zu können, muss das Schulwesen insoweit „entstaatlicht" werden, als es Organisation und Ablauf der Bildung betrifft. Der Staat wird seiner verfassungsmäßigen Verantwortung durchaus gerecht, wenn er lediglich Rahmenbedingungen schafft, das Recht des einzelnen auf Bildung sichert, Bildungsinhalte umreißt . Wie die Schule umsetzt, ist ihre Sache.

Die Lehrer müssen zu regelmäßiger Weiterbildung verpflichtet werden. Nur ein Lernender kann überzeugend lehren. (Es geht nicht an, dass

Kollegen, um zu unterrichten, lediglich eine ihrer vergilbten Karteikarten aus dem Karton ziehen!)

Zuerst müsste einem Paradigma begegnet werden. Es ist derart unzweifelhaft allgemeine Ansicht, die Schule habe die Aufgabe ein vorgegebenes Pensum an Wissen zu vermitteln, dass kaum einer daran Anstoß nimmt, geschweige begründet in Zweifel zieht.

Aber genau darum geht es!

Ich weiß, ich bin wieder einmal auf dem Holzweg. Die jüngste Kultusministerkonferenz hat es ausdrücklich und übereinstimmend postuliert: Abschlussprüfungen in allen Schularten und zuvor regelmäßige Orientierungsarbeiten und bundesweite Tests auf der Grundlage eines einheitlichen Bildungsstandards in den wichtigen Kernfächern Deutsch, Mathematik, Fremdsprachen und Naturwissenschaften. Mit diesen Standards seien „unverzichtbare Kompetenzen" und ein „klar festgelegtes Grundwissen" beschrieben. Der einzelnen Schule wie den Schülern selbst sollte dies eine „Rückkopplung" und eine Diagnose über ihren Leistungsstand ermöglichen.

Und die Kultusminister haben sich, um solches zu beraten und zu beschließen auf der Wartburg getroffen – da also, wo Luther einst die Bibel ins Deutsche übersetzte und die Burschenschaften ihr deutsch-nationales Wartburgfest feierten. Es sollte wohl ein Symbol sein, und die Damen und Herren Kultusminister fanden sich darin offenbar einig.

Dennoch: Was für ein Irrweg, wenn man es lediglich dabei belassen sollte!

Denn die Wartburg ist nicht nur ein Symbol deutsch-nationaler Besinnung und Bestrebung, sie liegt auch verdächtig nahe bei Erfurt.

Durch lediglich erhöhten Druck auf die Schulen und Schüler verschärft man nur die Situation und programmiert bewusst neue „Erfurts". Es ist wahrlich ein Kreuz, sich Politikern ausgeliefert zu sehen – Leuten, die lediglich dadurch für eine Verantwortung prädestiniert sind, dass sie zur rechten Zeit der richtigen Partei angehören, die ansonsten von dem Bereich, dem sie vorstehen, keine Ahnung haben.

Jedes Kind weiß es heute: Das Wissen der Menschheit verdoppelt sich gegenwärtig binnen weniger Jahre. Und es ist durchaus nicht so, dass es dabei lediglich um einen Zuwachs an Wissen geht, dieses Wachstum bedeutet vor allem auch neue Sicht auf scheinbar gesicherte Kenntnisse, wenn nicht gar deren absolute Hinfälligkeit. –

Nein, in der Mathematik natürlich nicht! Da leuchten die ewigen Wahrheiten, die immergleichen Verhältnisse in ehernen Formeln! Oder doch nicht?

Wie ist das mit den nichtlinearen Gleichungen? Beherrschen wir sie? Und gibt es in der lebendigen Natur überhaupt andere, als nichtlineare Verhältnisse und Systeme? Sind lineare, also jene, die unsere Schulmathematik bestimmen, nicht überhaupt nur Ausnahmen?

Aber wenn schon in der wissenschaftlichsten aller Wissenschaften, in der Mathematik, derartige Unsicherheit auftaucht, wie verhält es sich dann erst mit den anderen, den Naturwissenschaften? Täglich neue Erkenntnisse, die Bisheriges zumindest fragwürdig erscheinen lassen, wenn nicht ganz und gar auf den Kopf stellen!

Was ist in der Biologie von heute Grundwissen? Der Darwinismus etwa? Oder immer noch Ernst Häckel? Kommt das Leben immer noch zufällig unter Blitz und Donner aus der Ursuppe oder kommt es aus dem All? Gehört das Wissen von den Genen dazu, die immerhin so weit erforscht sind zu wissen, welches wofür verantwortlich ist, wir aber keine Ahnung haben, wie das zugeht, wie es verantwortlich wird bzw. geworden ist, wir also bei Schülern mehr Fragen aufwerfen als wir je beantworten können? Dürfen wir heute lehren, dass Tiere Bewusstsein haben, oder dürfen wir es vielleicht erst morgen?

Und wann ist Biologie eigentlich überhaupt nicht mehr nur Biologie, sondern zugleich auch Chemie und Physik? Wer behandelt dann die Themen? Der Biologie - , der Chemie -, der Physiklehrer?

Und in den Fächern Physik und Chemie: Werden wir lediglich weiter jene Versuche anstellen, die uns die Erkenntnisse des 18. und 19. Jahrhunderts nachvollziehen lassen? Was ist mit den Quanten, mit den Feldern, mit Hologrammen, Interferenzen, Energiemustern, Unwägbarkeiten, Unmessbarkeiten? Bilden sie das Grundwissen von heute oder erst das von morgen oder übermorgen? Aber sie begründen doch schon heute nichts weniger als unsere gesamte Weltanschauung!

Im Fach Geographie: Gelten die Gesetze eines Lyell noch immer, oder dürfen wir von Asteroideneinschlägen, von Katastrophen, von Sintfluten und Impaktwintern lehren? Wie alt sind dann unsere Gebirge wirklich? Wer sagt was mit Sicherheit?

Und wann wird ein neues Grundwissen umschrieben? In fünf Jahren, in zehn Jahren?   Wir entlassen unsere Jungendlichen schließlich in die Zukunft! Hoffentlich finden wir uns nicht irgendwann auf dem Allgemeinwissensniveau der Millionärssendung mit Günter Jauch, wo es wichtiger scheint, Schauspieler und Popsänger zu kennen als Shakespeare oder Goethe!

Freilich, die Umreißung eines verbindlichen Grundwissens für alle Schüler ist wohl unverzichtbar und deshalb richtig, wenn man nur in dessen Vermittlung nicht die ausschließliche Aufgabe der Schule sieht. Das tut man aber seitens der Behörde, wenn man beschließt, die Aneignung dieses Bildungspensums regelmäßig auf Zeitlichkeit und Umfang hin überprüfen zu wollen. Das und lediglich das.

Nun jagen die Lehrer erst recht durch den Stoff. Nun wird das zu erledigende Pensum erst recht zum einzigen Kriterium. Nun gerät der Schüler erst recht zur Nebensache!

Noch einmal: Es gilt zu aller erst diesem Paradigma, dass die eigentliche Aufgabe der Schule sei, ein bestimmtes Pensum an Wissen zu vermitteln, zu begegnen. Darin ist eine Aufgabe der Schule – zweifellos, aber nur eine nachgeordnete. Es geht im Leben wie in der Schule nicht darum, wie viel einer gelernt hat, es geht darum, was einer ist und der Gesellschaft zu geben hat.

Und bei jedem sind die Voraussetzungen dafür andere bzw. anders. Die Schule muss diese jeweiligen Voraussetzungen zum Ausgangspunkt und Feld ihrer Bemühungen um die optimale Entwicklung jedes einzelnen machen. Dann bekommen die Kinder und Jugendlichen jenes Selbstwertgefühl, von dem Ministerpräsident Bernhard Vogel sagt, dass es den Kindern zu vermitteln sei, indem man ihre individuellen Befähigungen anerkenne. So wird Schule ihrer ersten Aufgabe gerecht, und so verhindert man auch Ereignisse wie das von Erfurt.

Zu all dem wäre zweierlei zu ergänzen. Zum einen: Es gibt wohl selten tatsächlich Neues. Das meiste ist nur wieder entdecktes Altes. Meine gesamte Schulzeit war geprägt von genau solchen Tests und Zwischenprüfungen, wie man jetzt gedenkt, sie wieder einzuführen. (Es handelte sich damals freilich um DDR-Zeit; es liegt die aber so weit zurück, dass man inzwischen getrost von einer Neuheit reden kann.)

Zum Abitur wurde ich in fünf Fächern mündlich geprüft. Jede dieser Prüfungen umfasste nicht weniger als dreißig Wissenskomplexe. Der Prüfling zog jeweils einen davon; er musste also auf alle gleichermaßen vorbereitet sein. Wir haben damals wochenlang jede zweite Nacht durchgearbeitet, um diesen Anforderungen zu genügen, und wir haben es geschafft – ohne Weh und Ach, ohne psychischen Beistand oder Konflikthelfer, ohne Auflehnung. Die Forderung war uns gestellt, wir sind ihr nachgekommen. Punkt.

Aber wir hatten natürlich nicht jene Ansprüche der Jugend von heute. Einmal Kino im Monat, Chor und Turnriege – das war's. Nichts da von Fernsehen, Computer mit seinen Spielen, mit seinem Internet! Nichts von Discman und Handy und Moped und Partys und Diskos und Modezwang, Urlaub , Zigaretten, Alkohol oder gar Drogen! Die Jugendlichen und auch schon die Kinder sind nicht durch Leistungsdruck seitens der Schule überfordert, sie sind überfordert durch ihre Ansprüche an Kindheit und Jugend. Sie werden durch sie geradezu ausgehöhlt. Für die Schule bleibt da nicht viel Kraft.

Mit anderen Worten: So wie damals kann man es heute nicht einfach wieder machen. Da muss man sich schon anderes einfallen lassen!

Und zum anderen: Wir haben viel gelernt, es ist stets überprüft worden. Es war das Grundwissen von damals und ... ich hatte nach wenigen Jahren schon das meiste davon wieder vergessen. Wieso? Es war zu vieles nicht relevant, nicht brauchbar für das weitere Leben. Ich fand mal eines meiner Biologiehefte aus jener Oberschulzeit wieder – ich konnte mich nicht einmal erinnern, was ich da sah, je geschrieben bzw. gezeichnet zu haben.

Ich war ein ganzes Berufsleben lang Lehrer. Ich weiß: Viele der braven und fleißigen Schüler konnten später im Berufs – und Familienleben nicht halten, was ihre Zensuren einst versprachen. Umgekehrt sind viele derer, die das Lernpensum der Schule – aus welchen Gründen auch immer – nur mit Abstrichen bewältigten, später zu sehr verlässlichen und brauchbaren Leuten herangereift – ja selbst zu sogenannten Führungspersönlichkeiten.

Heute, da sich Wissen geradezu explossionsartig erweitert, dürfte vor allem eines vonnöten sein: Zu lernen, wie man lernt und Urteil und Ansicht und Standpunkt gewinnt! Mehr Ausbeute aus weniger Stoff.

In der nächsten Pisastudie soll es unter anderem um fachübergreifendes Wissen gehen. –
Ach, du lieber Augustin! Da werden wir erst recht unser Blaues Wunder erleben!.
Wieso?
Ganz einfach: Fachunterricht ist Fachunterricht. Der Deutschlehrer ist kein Geschichtler und der Geschichtler kein Musiker oder Kunsterzieher, auch – wir hatten es schon gesagt – der Biologe alles andere als ein Physiker oder Chemiker. Basiert der Unterricht also auf Fächern, und tut er das weiterhin, dann wird es allenfalls Aspekte des Fachübergreifens geben. Dann wird der Geschichtler darauf verweisen, dass Ludwig van Beethoven von der Großen Französischen Revolution inspiriert wurde, und er wird auch erwähnen, dass es im Vorfeld der Revolution von 1789 Tendenzen in der Literatur und Geisteswissenschaft gab. Es werden Begriffe wie Sturm und Drang und Aufklärung fallen, aber sie fallen gewiss ins Leere, wie sie das seit Jahrzehnten tun.
O doch, fachübergreifender Unterricht ist ja nichts Neues. Er ist schon lange eine Grundforderung der Lehrschule, und genau deshalb überprüft ja auch Pisa in dieser Sache. Der Anspruch ist auch mehr als berechtigt; er ist zwingend, aber wer wird ihm tatsächlich gerecht?
Welcher Geschichtler weiß wirklich, in welchem Grade Beethoven den Idealen der Französischen Revolution verhaftet war und treu blieb, und wie sich das in der Musik widerspiegelt? Der Musiker weiß es gewiss, aber versteht er so viel von jener Revolution, dass er eine gangbare Brücke zur Geschichte schlagen kann? Und vor allem: Lässt ihm sein Fach den entsprechenden Raum? Und

was ist in diesem Zusammenhang mit Mozart und Haydn? Sie bleiben ganz und gar unerwähnt, obwohl beider Lebenslauf und Schicksal nicht weniger unter dem Stern dieser Ereignisse von 1789 stehen.

Was ich eigentlich will?

Ich will definitiv keinen fachübergreifenden Unterricht, sondern Unterricht in Gesamtkomplexen. Wenn z.E. von der Großen Französischen Revolution die Rede ist, dann handelt es sich um ein derart komplexes Thema, dass es Musik und Literatur und Geisteswissenschaft nicht lediglich streift, sondern grundsätzlich umfasst und einschließt. Es darf nicht um Fachunterricht mit übergreifenden Aspekten gehen, der ganze Unterricht muss komplexer Natur sein, so wie es Natur und Leben und Gesellschaft und Historie nun einmal sind.

Die Revolution von 1789 ist nicht lediglich ein politisches Ereignis, sie ist der Wendepunkt zumindest europäischer Gesellschaftlichkeit in allen ihren Bereichen: Politik, Militär, Wirtschaft, Lebensweise, Geisteswissenschaft, Naturwissenschaft, Kunst, Musik ... Wer sie anders behandelt, wird ihr prinzipiell nicht gerecht.

Freilich höre ich deine Einwände und die aller möglichen anderen: Welcher Lehrer soll einem solchen Unterricht gerecht werden?

Nun, grundsätzlich ist das eine Sache der Lehrerausbildung. Die muss ganz anders aussehen, braucht neue Inhalte, neue Lehrformen, neue Abläufe. Und bis die neu Ausgebildeten kommen, müssen die gegenwärtigen das Kreuz auf sich nehmen. Das wird ein wüstes Geschrei geben, ich weiß, aber schließlich wird man sich fügen. Lehrer müssen lernen. Wer nicht dazu bereit ist, darf den Anspruch auf diesen Beruf nicht erheben. Im übrigen hat die ostdeutschen Lehrer nach der Wende auch niemand gefragt, ob sie bereit sind, sich auf neue Lehrpläne und Bildungsinhalte und Arbeitsmittel und Lehrbücher einzustellen. Sie haben es einfach getan. Ohne Geschrei, ohne Weh und Ach. Basta.

Eine derart tiefgreifende Umstellung sollte freilich auch nicht Sache der Lehrerschaft allein bleiben. Die besten Köpfe aus Naturwissenschaft und Bildungsforschung, aus Psychologie und Pädagogik und Lehrerschaft sollten zusammengeführt und beauftragt werden, entsprechende Hilfen für die Lehrer zu erarbeiten – Aufschlüsselungen von Komplexen mit entsprechenden Arbeitsaufträgen, Literatur – und Internethinweisen. Die besten Erfahrungen aus dem bisherigen Projektunterricht könnten hier einfließen.

Und die Lehrer sind zu Teamarbeit aufgerufen – endlich! Schluss mit der Alleinarbeit „Hinter mir die Tür im Schloss"! Nicht einer *gegen* den anderen, sondern einer *mit* dem anderen. Wie sollte das in der Schule weniger wichtig sein, als im Fußball?!

Es ist schon ein Phänomen, da hast du Recht: Bayern und Baden-Württemberg bringen deutlich bessere Schulergebnisse als andere deutsche Länder. Im Ganzen ein deutliches Süd-Nordgefälle.

Du fragst, wie das zu erklären sei, zumal Tatsache ist, dass in Ländern wie Bremen und Hessen bisher mehr Fortschritt in Sachen Unterricht probiert und angestrebt wurde, als namentlich in Bayern, wo die Herkömmlichkeit überwiegt. Woher also diese Ergebnisse?

Nun, ich glaube, dir eine Antwort darauf geben zu können und zwar eben aus dem, was ich dir bisher dargelegt habe.

Du erinnerst dich: Ich schrieb davon, wie früher die Autorität eindeutig bei den Alten lag. Bei den über Jahrhunderte schier gleich bleibenden Verhältnissen in Gesellschaft und Lebensweise der Menschen lagen die Erfahrungen, die Weisheit, die Sicherheit und also das Sagen bei den Alten. Ihre Erfahrungen und Belehrungen bestätigten sich den Jungen immer wieder.

Spätestens aber mit dem Ersten Weltkrieg brach diese Welt der Ordnung auseinander. Seither hat jede Generation neue, unerwartete, schmerzliche, ja schreckliche und alles in allem verunsichernde Erfahrungen machen müssen. Die Jungen von heute wissen es: Diese Erwachsenen verfügen über keine Sicherheit, sie sind mit ihren Erfahrungen alles andere als glaubwürdig. Auf sie kann man nicht bauen. Sicherheit ist heute allenfalls bei denen, die noch überhaupt keine Erfahrungen haben machen müssen oder können – bei den Kindern und Jugendlichen, und die leben sie denn auch weitlich gegen die Erwachsenen aus. Das macht das Unterrichten heutzutage so unendlich schwer und einfaches Vermitteln fast unmöglich. Es gibt allerdings nach wie vor eine moralische Größe vor der sich Erwachsene wie Jugendliche von heute gleichermaßen beugen – wenn sie es denn tun – und die ist die christliche Religion, der christliche Gott. Demut vor ihm schließt Demut vor seiner Welt und deren Einrichtung mit ein. Wie sagte es kürzlich einer der amerikanischen Senatoren? „Demut vor Gott bildet die Lebensgrundlage unserer Gesellschaftlichkeit." Wo Religion eine Größe darstellt, ist noch Achtung und Wertschätzung für Mensch und Ding. Gott fordert sie. Da kann man auch noch einfach vermitteln, wie es der Geistliche von der Kanzel tut und dabei akzeptiert wird. Da wirken die alten Relationen noch fort. Da wird nicht grundsätzlich verrissen, da wird zumindest geglaubt. In Bayerns Schulen hängt das Kruzifix in jedem Klassenzimmer. Daher die höhere Schulmoral. Daher die besseren Ergebnisse. Daher natürlich auch der Nachdruck der deutschen „Pisa-Spitzenländer", dass es sich um CDU-regierte Länder handle ...

Vergessen wir aber zweierlei nicht:

Zum einen: Es handelt sich bei dieser Überlegenheit um die eines Einäugigen unter Blinden.

Und zum anderen: Das Bollwerk der Religion bröckelt auch in Bayern und Baden-Württemberg.

Was ich mit Entstaatlichung eigentlich meine? Hoffentlich das gleiche, was einer unserer Staatsmänner mit den Worten ausdrückte: „Entlasst unsere Schule in die Selbständigkeit!"

Der Staat hat zu garantieren, dass die Grundforderungen der Verfassung erfüllt werden – die Bildung betreffend, dass das Recht auf Bildung für jeden gewährt ist. Das umfasst eine ganze Menge, vor allem die Installation eines entsprechenden Schulsystems für das Land, gewiss auch die Festlegung allgemein verbindlicher Bildungs - und Erziehungsziele sowie die Aufsicht darüber, dass solche Festlegungen auch eingehalten werden.

Gewiss nicht in seiner Kompetenz liegt die Art der Umsetzung solcher Forderungen. Dafür sind eigens Ausgebildete da.

Mit anderen Worten: In die pädagogische Arbeit der Schule hat sich der Staat nicht einzumischen. Am wenigsten hat er das Recht, dort Vorschriften zu machen und also gar führen zu wollen.

Genau das aber tut er gegenwärtig. Die Schulbehörde greift mit Vorschriften für Zensierung und Beurteilung und Klassenstärken und Korrekturen, auch mit Detailierungen in den Stoffvorgaben und mit Zeitvorgaben derart massiv und zwingend in den Unterrichtsprozess ein, dass sie den Pädagogen damit permanent bevormundet und quasi entmündigt. Kreativität und Eigeninitiative der Lehrer sind damit unterdrückt.

Mangelnde Initiative und Kreativität unserer Lehrer sind tatsächlich zu beklagen und werden zu Recht auch von den Eltern kritisiert.

Es ist ein Teufelskreis geworden: Die Lehrer tun nach Vorschrift und tun bald nur noch danach, weil jede Abweichung davon als Verstoß geahndet wird. Ihr eigenes Bemühen bleibt außen vor. Kaum Engagement , kaum Innovation. Die Behörde merkt es, die Eltern merken es, auch die Öffentlichkeit. Die Forderung nach mehr Vorschrift ist die Folge, was wiederum bewirkt, dass ... Am Ende darf ein Bundeskanzler die Lehrer gar faule Säcke nennen.

Das schlimmste dabei: Die Lehrerschaft verliert mit der Zeit die Fähigkeit zu Innovation und Initiative. In die Selbständigkeit entlassen, kann es durchaus sein, dass sie versagen, was wiederum den Schrei nach Vorschrift laut werden lässt. Wie gesagt: ein Teufelskreis.

Trotzdem: Der Schritt in die Selbständigkeit ist der einzige, der letztlich Tugenden wie Innovation und Initiative , persönlichen Ehrgeiz und persönliche Verantwortung wieder bringen kann. Der Staat hat sich in seinen Kompetenzen auf die Aufsicht zu beschränken.

Wie der Bau und die Ausstattung der Schulen nicht seine, sondern Sache der Kommunen ist, so im Grunde auch nicht die Einstellung von Lehrern.

Aber natürlich! Wieso denn eigentlich die Trennung in der Kompetenz hier? Wieso, wenn der Staat schon die Verantwortlichkeit für die materielle Grundlage der Bildung an die Kommunen delegiert, wieso beansprucht er dann die für den pädagogischen Teil und die Lehrer? Entweder – oder! Entweder – wie in der DDR – alles in staatlicher Hand oder alles in der Verantwortlichkeit der Kommunen und ihrer Schulen in Selbständigkeit!

Eine Kommune und ihre Schule wissen um ihre besonderen Zielsetzungen und Profilierungen. Sie müssen das Recht haben, sich auch entsprechende Lehrer anstellen zu dürfen. Ja, es muss in diesem Bereich frei zugehen können wie auf dem Arbeitsmarkt sonst. Und ein Lehrer darf kein Beamter sein; er muss kündbar sein wie jeder andere Arbeitnehmer auch, auch wie ein Manager, der seine Aufgaben und die Erwartungen, die man mit der Einstellung in ihn gesetzt hat, nicht erfüllt. Mit den Direktoren ist es nicht anders. Welcher Betrieb ließe sich von einer Behörde vorschreiben, wen er mit der Führung seiner Obliegenheiten betraut? Aber die Schule muss es sich gefallen lassen.

Kommunen und ihre Schulen sollten das Recht haben, sich selbst um einen Direktor ganz nach ihren Vorstellungen zu bemühen und ihn einzustellen – möglicherweise ihn auch anderswo abzuwerben. Wieso denn nicht?

Ja freilich, da ist die Bezahlung! Der Staat gibt das Geld, also will er auch das Sagen haben.

Aber der Staat bekommt doch das Geld erst von den Bürgern. Er ist doch nur Sachwalter darüber. Es ist also nur eine Frage sinnvoller Verteilung, ob *er* das Geld zahlt oder die Kommunen! Wie sollte es unmöglich sein, dass den Kommunen der entsprechende Anteil an den Steuergeldern, der für die Bezahlung der Lehrer und der Direktoren anfällt, von vornherein zur Verfügung gestellt wird bzw. verbleibt, damit sie eigenverantwortlich damit umgehen?!

Wie gesagt: Für den materiellen Grundlagenanteil gilt das ja ohnehin.

Und wie dann eine Schule in unmittelbarem Auftrag der nächsten Öffentlichkeit, vor den Eltern ihrer Kinder, vor der Gemeinde, die sie ausstattet und unterhält, Leistung bringt, ist allein ihre Sache, obliegt ihrem pädagogischen Können, ihrer Bereitschaft, ihrer Initiative und Innovation. Hauptsache, sie bringt die Leistung. Die Behörde kann da getrost überprüfen. Bringt die Schule die erwartete Leistung nicht, dann kann sehr unmittelbar reagiert werden.

Und damit sind wir wieder am Anfang unseres gesamten Diskurses. Du magst dich gewundert haben, dass ich relativ breit von selbstregulierenden Systemen sprach. Auch bei dem Bildungswesen eines Landes handelt es sich um ein solches. Und es ist ein offenes, d.h., es steht in lebhafter Wechselwirkung zu anderen. Die Kinder, die wir lehren, gehören nicht allein der Schule an. Sie sind auch Kinder der Familien, der Öffentlichkeit, der gesamten Gesellschaftlichkeit. Deshalb war und ist es auch notwendig, von dieser Gesellschaftlichkeit mit ihren Arbeitslosenproblemen, mit ihrer Anspruchshaltung, mit ihrer kommunikativen Verschmelzung zu reden. Aber wenn Schule bei all dieser Vernetzung ihr Gleichgewicht und ihre Funktionalität als System wahren soll, dann müssen ihre Elemente beweglich sein, dann müssen sie frei reagieren können, sonst drohen Erstarrung und Stillstand. Und dass das tatsächlich so ist, beweist der gegenwärtige Zustand der deutschen Schule nur allzu deutlich.